EL ESTOICISMO COMO FILOSOFÍA DEL GUERRERO

LOS 5 PILARES FUNDAMENTALES

G. CHRISTIAN

INTRODUCCIÓN

El estoicismo es una filosofía muy antigua que tiene lecciones muy poderosas y vigentes a pesar de las amplias diferencias sociales, culturales y políticas que existen entre nosotros y los antiguos griegos y romanos. Es una filosofía que ha perdurado a lo largo de los siglos, que se ha adaptado a las circunstancias más diversas sin perder lo más esencial.

No es una filosofía como la que estudias en el colegio, lleno de ideas abstractas y conceptos que no tienen cabida más allá del debate académico. Por el contrario, el estoicismo pretende ser práctico, vital, darte las pautas que necesitas no solo para vivir la mejor vida que puedas, sino también para estar feliz y tranquilo mientras lo haces.

Sí, leíste bien. Lejos de ser lo que la gente suele pensar, el estoico no es una persona apática, indiferente ante lo que le sucede al mundo y le sucede a él. El estoicismo es una escuela de pensamiento que fundamentalmente busca que seamos felices incluso en las peores circunstancias, al tiempo que nos da las pautas que necesitamos para llegar más lejos de lo que creías que podías llegar.

El estoicismo es, en efecto, la filosofía del guerrero. Pero ¿qué quiere decir eso? ¿Qué es un guerrero? Es una persona que participa de la guerra, no como una víctima, no pasivamente, sino en primera fila, dispuesto a hacer lo que necesita para asegurar su victoria.

Pero aquí no estamos hablando de la guerra tal como la conocemos, del conflicto absurdo que la mayor parte de las veces no beneficia a nadie, ni si quiera a quienes la impulsan. La guerra de la que hablamos aquí es la de la vida.

No podemos negar que la vida está llena de conflictos, de dificultades, de luchas que es necesario dar todos los días para poder tener la mejor vida que tenemos. El sistema educativo no nos brinda las herramientas que necesitamos para dar lo mejor que tenemos, sino para sobrevivir, para ser pasivos.

De ahí que la mayoría de las personas se sientan insatisfechas. El estoicismo es la filosofía que nos permite ir más allá, conocer más y superar nuestras propias expectativas. El estoicismo es la filosofía del guerrero porque te da las armas y las herramientas que necesitas para enfrentarte a los retos que la vida te va lanzando. Te permite volver el caos en orden, dándote la claridad para actuar y tomar las decisiones más provechosas.

Si estás aquí, es porque eres una persona que está interesada en ir más allá de los demás, en explorar y explotar todos tus potenciales. No solo verás cómo puedes tomar tú el control de tu vida y dejar de ser un títere de las circunstancias, sino que verás que todo tu entorno social se verá beneficiado.

¿Qué encontrarás en este libro? En primer lugar, te resumiré el pensamiento estoico resumido en un sencillo sistema que te aportará las bases y los principios que necesitas para ser un verdadero estoico. Es, en cierto sentido, el apartado más importante y te recomiendo volver constantemente a él. En un momento de dudas, aquí encontrarás lo más básico a lo que debes atenerte y simplificar es, a veces, la mejor solución.

Luego encontrarás la historia de la escuela estoica: quien la fundó, bajo qué circunstancias y como se fue transformando desde la Grecia helenística hasta nuestros días. Es posible que no te interese mucho la historia y estés tentado a saltarte este capítulo, pero te sugiero que no lo hagas. Conocer la historia nos permite entender no sólo el pasado, sino también nuestro presente y te darás cuenta de que hay más similitudes de la que esperas entre la vida de estos personajes y nosotros.

Luego, es necesario sentar unas bases antes de erguir nuestros pilares; de lo contrario, se desplomarán. Los siguientes dos apartados exploran el control de nuestra mente, nuestros miedos, nuestro cuerpo y nuestras emociones. Nuestra época está marcada por tener más que nunca acceso casi infinito a cuánto queramos: información, entretenimiento, comida, diversión están todas al alcance de nuestras manos, casi siempre de manera instantánea.

Por eso, se vuelve fundamental tener la capacidad de controlar nuestros impulsos, de ser nosotros dueños de nuestros cuerpos y nuestras mentes y no al revés. No alcanzarás a tener un control total, ni te prometemos desarrollar capacidades superiores a la de tus pares. Pero si ejercitarás la mentalidad que te da la ventaja necesaria para triunfar ahí donde el hombre común fracasa.

Con todo este bagaje y algunas herramientas bajo el brazo, podremos empezar a construir nuestros pilares. Estos van a a ser, propiamente, la estructura de nuestro estilo de vida y sobre el reposarán fundamentalmente todas tus futuras decisiones y acciones. Pero recuerda, todo edificio necesita mantenimiento. De la misma manera, necesitarás estar modificando y adaptándolos de modo que siempre respondan de manera eficaz a tus circunstancias. Yo te propongo nada más una guía.

El primer pilar tiene que ver con tu enfoque. ¿Cuál debe ser siempre tu máxima prioridad? ¿Cuál es la brújula con el que podrás determinar si vas o no en buen camino? Este capítulo te muestra cuál es esa brújula y, lo que es más, te muestra cómo este enfoque no sólo mejora tu vida sino que afecta a todos los que están a tu alrededor.

El segundo pilar tiene que ver con lo que debes priorizar: cómo determinarlo y cómo crear un sistema que te ayude a definir en cada época de tu vida qué es lo más prioritario. Al mismo tiempo, exploramos la idea de la acción trascendental y como, lejos de ser una experiencia abstracta se trata de estar cada vez más presente y activo en el mundo.

El tercer pilar explora como las palabras pueden afectar nuestra percepción del mundo. El hombre, después de todo, no es un ser racional y no podemos ignorar ese hecho. Sin embargo, podemos hacer lo posible para ver las cosas de la manera más racional posible, y utilizar la fuerza de nuestra perspectiva para aumentar nuestras posibilidades de éxito.

El quinto pilar reflexiona sobre una de las máximas más populares del estoicismo: la dicotomía del control. Sin ser complejo, es una de las herramientas más poderosas que tenemos porque nos va a dar dos posibilidades que potencian nuestra capacidad de actuar. Por un lado, nos va a desprender de aquello que no podemos evitar y que suele afectarnos profundamente. Por el otro, nos va a mostrar que nuestro rango de influencia y de acción es mucho mayor del que solemos creer y nos invita a apropiarnos de todo lo que está en nuestra capacidad hacer.

Nuestro último pilar es el que permite que no nos desanímenos y que todo lo que hemos construido se caiga piso. Se trata de la reconciliación con el error. Es un hecho que nos vamos a equivocar más de una vez y debemos saber relacionaros con él de manera sana y provechosa. El error nos ofrece muchas oportunidades y es más positivo que negativo. Lo que diferencia el éxito del fracaso no es la ausencia de errores, sino la capacidad de afrontarlos.

Como ves, el estoicismo es una filosofía redonda, completa que cubre todos los aspectos básicos que te permitirán progresar sin importar si eres político, empresario, panadero o jardinero. No vas a hallar aquí las respuestas a tus más grandes preguntas o la solución a tus problemas más apremiantes. El estoicismo existe aún y es tan efectivo precisamente porque no habla de situaciones y circunstancias concretas. Te da bases y principios.

Esto lo vuelve lo suficientemente flexible para adaptarse a cualquier molde en que lo necesites, pero lo suficiente firme para no perder su forma y volverse irreconocible después de pasar por siglos y siglos de historia.

Así que no busques aquí recetas mágicas; no las hallarás ni en este libro ni en ningún otro. Pero si vienes con la mente abierta y dispuesta a aprender, a incomodarse y a hacer el trabajo necesario, te recibo con los brazos abiertos.

Porque sí, esto requiere trabajo y esfuerzo. El camino que quieres emprender, el camino del guerrero no es fácil. Por eso hay tan pocos. Vas a tener que incomodarte, caerte y tomar las decisiones equivocadas. Pero las recompensas son mucho mayores que las dificultades.

Te darás cuenta después de un tiempo, cuando tengas interiorizados estos conceptos, tu vida será más tranquila, menos estresante y más satisfactoria. Tendrás la tranquilidad de estar haciendo siempre tu mejor trabajo, tu mayor esfuerzo y de estar haciendo las cosas bien. Lo que antes te afectaba te va a comenzar a resbalar, dejará de tener poder sobre ti. Dejarás de depender de un montón de cosas que ahora te afectan y notarás que no son tan importantes y que no tiene ningún poder sobre ti.

Esta tranquilidad es invaluable. Dentro de cada gran guerrero hay una paz interior que les permite enfrentarse hasta el más grande peligro. Lo único que necesitas es una mente abierta y una voluntad dispuesta a hacer cada día un poco más, a ser un poquito mejor de lo que fue ayer.

1
ESTOICISMO: CONCEPTO Y POSTULADOS PRINCIPALES

El estoicismo es una escuela filosófica griega y romana muy popular en su época. A diferencia de otras doctrinas, los estoicos hacen énfasis en que la filosofía debe ser práctica, servir para nuestra vida diaria en lugar de un montón de reflexiones abstractas que poco dicen cómo podemos vivir de la mejor manera. Quizá por eso, ha hecho un retorno en los últimos años, ofreciendo pautas que nos ayudan a enfrentarnos a un mundo cada vez más confuso y caótico.

Para entender qué es el estoicismo y qué proponía, es importante entender dónde y cuándo surgen los primeros pensadores de esta escuela. Vamos a remontarnos por un momento a la antigua Grecia, en el siglo III antes de Cristo. Alejandro Magno acaba de morir, dando inicio al período helenístico y sumiendo a los griegos en un ambiente político bastante complejo.

Comienzan a surgir, entonces, diversas corrientes filosóficas que buscan responder a este nuevo ambiente, promulgando doctrinas que permitieran alcanzar la felicidad y el bienestar humano: el epicureísmo, el escepticismo y, como no, el estoicismo. Más adelante hablaremos un poco de quién fundó y cómo fue cambiando la filosofía estoica a medida que fue pasando el tiempo. Por ahora, nos centraremos en términos generales, en qué pensaban estos hombres, y veremos que sus ideas siguen tan vigentes ahora como lo fueron hace más de dos mil años.

Esta escuela tiene una propuesta fundamental: vivir una vida acorde a la naturaleza. ¿Qué quería decir eso? Es más sencillo de lo que parece. Para el estoico, había cierta sabiduría en el mundo natural: es un sistema complejo que, a pesar de la cantidad de elementos y partes que tiene, funciona a la perfección, con sus ciclos y sus cambios. Vivir acorde a la naturaleza es eso: vivir acorde con los ciclos, transformaciones del ser humano.

Esto nos lleva a una segunda idea fundamental para el estoicismo. Si la el mundo sigue un curso natural perfecto, y el hombre debe buscar seguir el suyo, es claro que el énfasis del estoicismo está sobre sí mismo, pues el mundo seguirá su propio curso. Nada de lo que hacemos impedirá que el mundo siga su rumbo. Estos pensadores enfatizan el hecho que, en todo momento, hay algo que no controlamos (lo que nos sucede, lo que hagan y piensen los otros, etc.), y algo que si controlamos: nuestros pensamientos y acciones. Si todo lo demás es externo a nosotros, el estoico considera que no debemos preocuparnos por ello, y tan solo enfocarnos en aquello sobre lo cual influimos.

Ahora, la pregunta que sigue es, ¿cómo lo logras? ¿Cómo puedes llevar una vida estoica? Por suerte para nosotros, los estoicos diseñaron un sistema que consta de tres componentes: las áreas de estudio, las disciplinas y las virtudes cardinales. Todas interactúan y se afectan, formando así una unidad holística que sienta las bases para tener la mejor vida que es posible tener a partir de unos principios mínimos.

Vamos a explorar un poco cada una de estas partes para ver cómo se relacionan y cómo lo podemos aplicarlos a nuestro día a día.

Las áreas de estudio

A pesar del nombre, no es necesario ver un curso de conocimiento estoico para entender y profundizar en estas áreas y utilizar sus enseñanzas en nuestro día a día. Los estoicos concebían el conocimiento del mundo de manera integral a partir de tres ejes: la física, la lógica y la ética. Sin embargo, la tercera es la que va a adquirir la mayor importancia, aunque veremos que las otras dos son útiles para vivir de la mejor manera posible.

No hay que entender física como lo entendemos hoy en día. Esta área se ocupaba de saber cómo es el mundo, como funciona, es decir, las ciencias naturales: la biología, la física, la astronomía, la química, etc. Este conocimiento nos permitirá enfocar nuestra energía, nuestro tiempo y nuestros esfuerzos hacia aquello que es posible y beneficioso, evitándonos perder el tiempo y la decepción no lograr una meta inalcanzable. Así, gracias a la física (tal como lo entienden los estoicos), yo sé que no puedo correr una maratón mañana porque mi cuerpo no tiene esa capacidad, pero sí sé que puedo entrenar para correrla el próximo año.

El conocimiento del mundo es fundamental, pues nuestro cuerpo, nuestro entorno y nuestras circunstancias nos imponen límites que no podemos sobrepasar. Nosotros debemos actuar dentro de estos límites, por lo cual los debemos conocer; de lo contrario, estamos yendo de cabeza hacia la decepción y el fracaso. Es tan sencillo como saber que no podemos volar, y por eso debemos construir aviones.

La lógica, por su parte, se ocupa de razonar de la manera adecuada, y, por tanto, es lo que nos permite tomar las mejores decisiones en cada situación a la que nos enfrentamos. Así, gracias a la lógica, yo puedo determinar si renunciar o no a mi trabajo es una buena idea a partir de los beneficios y las dificultades que implica, en lugar de solamente pensar en que mi jefe está insoportable o que quiero ahorrar para el viaje de diciembre.

Esta área te exige estar atento al porqué decides hacer algo, o porqué tienes cierta opinión. Muchas veces, cuando nos detenemos a pensar en nuestras motivaciones o razones, nos damos cuenta que nos estamos equivocando y nos estamos basando en ideas erradas. Es necesario hacernos conscientes y procurar corregir estos errores a medida que los descubramos.

Por último, está la ética. Lejos de determinar qué es bueno y qué es malo, la ética estoica se preocupa por cómo vivir nuestra vida de la mejor manera posible. Este es, quizá, el área más interesante y, sin duda, la mejor enseñanza que nos han dejado estos pensadores. Las áreas anteriores se vuelven en herramientas que nos permiten llegar a vivir la mejor vida que queramos y es este campo el que exploraremos a lo largo de este libro.

La ética, al no intentar distinguir entre dos extremos, bueno y malo, y enfocarse más bien en vivir una vida virtuosa exige que pienses tanto en ti mismo como en las personas que te rodean. Todo lo que haces impacta a la gente a tu alrededor, y por tanto, una vida ética concibe tanto la comunidad como el individuo.

La física, la lógica y la ética no son, como podrás ver, algo que tienes que sentarte dos horas al día para estudiar y dominar. Son, más bien, tres áreas en los que es necesario enfocarnos y comprender un poco mejor para así poder progresar: cómo funciona el mundo, cómo pensamos, y cómo actuar de manera que me lleve a mi mejor vida. Y esto no se logra necesariamente en un salón de clase, siguiendo las instrucciones de un profesor. Son conocimientos que alcanzas al enfocarte en ellas y tener la mente abierta para adquirir nuevos conocimientos.

Las disciplinas

Un hombre llamado Epicteto fue quien habló de las tres disciplinas. Como puedes deducir del nombre, las disciplinas son el componente más práctico del sistema estoico, y aplican tanto para un griego del siglo III a.C., como para una persona del siglo XXI, lo que lo vuelve una práctica verdaderamente universal. Por suerte, son tan solo tres, y bastante sencillas de aplicar: la disciplina del deseo, de la acción y la aprobación.

La primera disciplina busca que podamos discernir entre qué debemos desear y qué debemos rechazar. Lejos de ser una filosofía que busca alejarnos de los placeres de la vida o de llevarnos invariablemente a una vida ascética, el estoicismo busca que seamos conscientes de aquello hacia lo cual invertimos nuestra energía y nuestros esfuerzos. Es decir, quiere que podamos identificar qué es beneficioso buscar y que sería mejor que evitáramos para poder actuar consecuentemente.

En este punto, el estoicismo puede parecer un poco moralista, demasiado similar al discurso religioso de rechazo hacia las pasiones. Pero, esa no es la propuesta del estoicismo. Exploraremos esto más detenidamente más adelante, pero por ahora basta decir que el estoicismo quiere que actuemos de manera racional, no guiados por nuestros deseos sino nuestras mentes. No rechaza la emoción en sí, sino nuestra manera de actuar respecto a ella.

La segunda disciplina es la de la acción. Para los estoicos, una de las características fundamentales del ser humano es que es un ser social: para vivir bien, el hombre necesita de otros, no solo para ayudarle a ser lo que no puede, sino también para tener compañía y apoyo. La disciplina de la acción busca que sepamos comportarnos y actuar de manera adecuada con el prójimo: tratarlo como un igual, no usarlo para nuestros propios fines e interactuar siempre con respeto y consideración. En palabras de un dicho popular: tratar al otro como nos gustaría ser tratados.

Esto no quiere decir que debemos ser siempre permisivos o incluso condescendientes con los demás. Está bien tener posturas contrarias, manifestar desacuerdos y establecer distancias cuando sea necesario, pero siempre tratando al otro como un ser humano ni superior ni inferior a nosotros mismos.

Por último, está la disciplina de la aprobación. Todos los días nos suceden cosas: nos piden un favor, se nos atraviesan en la calle, el computador no reacciona.... Y ante todas estas situaciones, tenemos una reacción instintiva, inmediata. Por medio del ejercicio de esta tercera disciplina, podemos analizar estas reacciones y decidir si las aprobamos o las rechazamos. De esta manera, nos entrenamos para evitar cometer errores o tomar decisiones precipitadas de las que luego nos arrepentiremos cuando el calor del momento haya bajado.

Así, la aprobación busca que seamos conscientes de nuestras

propias reacciones y que sepamos gestionarlas y actuar de acuerdo con lo correcto y no de acuerdo con una sensación pasajera que nos puede llevar con extraordinaria felicidad al error.

Estas disciplinas se ejercen a partir de hábitos. No tiene que ser un proceso tortuoso, donde te exiges de sobremanera para dominar todas estas áreas. Por el contrario, se requiere paciencia y perseverancia, reconocer los errores cuando se cometen y procurar, todos los días, ser un poco mejores. Verás que, con el tiempo y la práctica, estas disciplinas se convierten en una segunda naturaleza.

Los valores cardinales

El último componente del sistema estoico es el de los valores. Estos pensadores pensaban que lo único realmente bueno eran los valores, todo lo demás era malo o indiferente. Una vida buena era una vida virtuosa, y hacia ese punto debemos aspirar llegar siempre. Los valores regulan nuestras acciones y nuestras decisiones, siendo el marco principal contra el que vamos a enfrentar nuestras opciones.

Te preguntarás, ¿cómo puedo ser virtuoso? Es más sencillo de lo que crees. Para los estoicos, el valor era un hábito al igual que lo es bañarse todos los días, de manera que, con dedicación, puedes ejercer todos los valores sin siquiera notarlo.

Ahora, seguramente estarás pensando en todos los valores con los que nos han inculcado al crecer: honestidad, responsabilidad, respeto, etc. Si bien estos valores son buenos, no son aquellos en los que nos queremos enfocar. Los estoicos nos enseñan cuatro valores cardinales, aquellos que sirven de guía y de base a todas nuestras acciones: sabiduría, valentía, templanza y justicia. Vamos a explorarlos un poco.

No hace falta estudiar durante años y hacer un retiro espiritual para practicar la sabiduría del estoico. Es más, para esta escuela, la sabiduría era un valor muy práctico, pues el sabio es quien es capaz de determinar qué es bueno, qué es malo y qué es indiferente. Y, para mayor facilidad, los estoicos tienen ya tiene la respuesta: lo bueno es lo virtuoso, lo malo aquello que atenta contra lo virtuoso y lo indiferente todo lo demás.

La valentía, por su parte, no se ejerce enfrentándote a un león, o rescatando a una dama de un edificio incendiado. La valentía es aquella de la que te vales para actuar siempre en favor de lo correcto, aunque esto implique ir en contra de presiones sociales, o incluso en contra de ciertas normas. La valentía es también poder enfrentarte al mundo tal cual es, y dejar de un lado las excusas que nos hacemos cuando fallamos o algo nos sale mal: es ser capaz de enfrentarnos a la realidad.

La templanza es quizá la más fácil de las cuatro virtudes. Es, simplemente, moderación, evitar todos los excesos. Esto aplica tanto para lo que es beneficioso como para lo que no lo es tanto. Ejercer templanza es decidir que no vas a beber más alcohol esta noche, y también es permitirse comer un helado, aunque no entre dentro de tu dieta saludable. Encontrar el camino medio es la mejor vía para alcanzar una vida plena, tranquila y satisfactoria.

Finalmente, tenemos la justicia. Esto poco tiene que ver con leyes y abogados. La justicia es la virtud que gobierna nuestras relaciones con los otros. Actuar con justicia es ayudar a quién lo necesita, es hacer algo no por la recompensa, sino porque beneficia al mundo y a nuestra comunidad. Es, según algunos, el valor más importante, aquel que, de faltar, imposibilitaría a los demás.

Estos cuatro valores, o hábitos, puestos en práctica cambiarán tu vida. Cada día nos enfrentamos a situaciones donde debemos ejercer estos valores y es importante que estemos atentos y procuremos siempre ejercerlo. Esta es la base fundamental para decidir qué curso de acción tomar.

El sistema estoico

Vamos a recapitular un poco lo que hemos explorado hasta ahora. El estoicismo tiene tres componentes: tres áreas de estudio (la física, la lógica y la ética), tres disciplinas (deseo, acción y aprobación) y cuatro virtudes cardinales (sabiduría, valentía, templanza y justicia). Espero que ahora tengas un poco más claro a que refieren cada uno de estos elementos.

Ahora vamos a ver como se relacionan e interactúan estos componentes. Los estoicos concebían un sistema holístico, donde todo se relaciona y se afecta mutuamente. Sin embargo, es posible identificar tres bloques de acción concretos, donde interactúan un área de estudio, una disciplina y un valor. Esto nos permitirá tener el fundamento de todo lo que veremos después, y será el punto al cual siempre podremos volver cuando nos sintamos confundidos o perdidos.

Como las disciplinas son el componente más práctico del sistema, vamos a utilizarlas como base del sistema, y veremos qué valor y qué área se asocia de manera más directa con cada una de las disciplinas.

Empecemos con la disciplina del deseo. Te había mencionado que esta disciplina trata sobre lo que es provechoso desear y evitar. Ahora, ¿cómo logramos esto? Si los valores son hábitos, ¿qué hábitos debo cultivar para elegir lo provechoso, y rechazar lo negativo? Pues, por un lado, el valor de la valentía es fundamental: sin él, no tendríamos la fortaleza de reconocer la vía de acción correcta y llevarla a cabo. Por otro lado, es necesario la templanza, la moderación, pues elegir ese camino medio es necesario a la hora de ser maestros de nuestras pasiones y deseos.

El ejercicio de estos dos valores, además de llevarnos a la disciplina, también nos llevan naturalmente al estudio de la física. Recordemos que la física es el conocimiento del mundo, y es precisamente este conocimiento lo que nos da las bases para diferenciar lo bueno de lo malo. Como ves, es un camino de ida y vuelta, un círculo donde cada cosa permite las demás.

La disciplina de la acción, como habíamos visto, es la regla de oro: tratar a los otros como quisiéramos que nos trataran. El valor que exige es, entonces, la justicia, aquel hábito de tratar a los otros como nuestros iguales, con respeto, sin abusar ni utilizarlos para nuestros propios fines. El estudio que surge es, entonces, la Ética, aquella que se pregunta sobre la mejor manera de vivir nuestras vidas. Como el hombre es un ser social, saber interactuar con los otros es fundamental para vivir bien, llevándonos a ejercer la disciplina de la acción.

Por último, tenemos la disciplina de aprobación: poder aceptar o rechazar nuestras impresiones y reacciones más instintivas e inmediatas. Para poder llegar a una conclusión certera, y estar tranquilos de no errar en nuestras decisiones, necesitamos sabiduría, poder discernir entre lo provechoso y lo no que no lo es, poder identificar lo bueno y lo malo. Este valor nos lleva a profundizar, entonces, en la lógica, aquel que nos ayuda a razonar, a pensar de manera adecuada. Con una buena lógica, ejercer la disciplina de la aprobación es mucho más fácil y nos llevará siempre a las mejores decisiones.

La siguiente tabla resume un poco estos tres bloques, y es una excelente ayuda cuando necesites un breve recordatorio.

DESEO		FÍSICA
	VALENTÍA / TEMPLANZA	
ACCIÓN		ÉTICA
	JUSTICIA	
APROBACIÓN		LÓGICA
	SABIDURÍA	

Ahora, es importante resaltar que todos los elementos se relacionan entre sí. Después de todo, para poder actuar con justicia se necesita de valentía, por ejemplo; y la templanza es fundamental para llevar una vida ética. Verás que, al enfocarte en un área, todas las demás comienzan a surgir de manera natural.

Ahora ya sabes un poco lo que piensan los estoicos. Lo que sigue es conocer un poco la historia de los pensadores, saber realmente quienes fueron, cuándo vivieron, cómo fue cambiando el estoicismo a lo largo de los años y cómo ha llegado a nuestros días.

2
LAS FASES DEL ESTOICISMO

El estoicismo a nivel histórico se divide en tres momentos: antiguo, medio y nuevo. En cada fase se desarrolla y se profundiza en distintos aspectos. Puede que te preguntes por qué quieres saber tú la historia y los nombres de personas que murieron hace siglos, y cuyas vidas en nada se asemejan a la tuya. Pero, es importante conocer la historia, saber de dónde vienen estas ideas para saber cómo puedes transformarlas y aplicarlas hoy. Y, quién sabe, puede que la vida de estos hombres se parezca más a la tuya de lo que pensarías.

Estoicismo antiguo

Ya te había mencionado que el estoicismo nace en la antigua Grecia, justo después de la muerte de Alejandro Magno. Pero ¿por qué nace una filosofía como el estoicismo en ese momento y no antes o después? Para entenderlo, hay que conocer un poco qué estaba sucediendo en esta época.

Alejandro Magno había construido un gran imperio que cubría un territorio sin precedentes. Sin embargo, murió muy joven, y sus legítimos herederos no tenían aún la edad suficiente para asumir el trono. Por lo tanto, los generales del ejercito buscaron cada cual gobernar sobre el legado de Alejandro, resultando en una serie de guerras y de conflictos que acabarían con la unidad del imperio y la repartición de los territorios.

Como podrás imaginar, esto lleva a un ambiente político y social tenso, marcado por la incertidumbre y el caos. No era fácil llevar una vida satisfactoria cuando todo lo que te rodea parece ir de mal en peor. La filosofía es una ciencia que siempre ha tratado de responder a su entorno, se ve con la necesidad de pensar cómo vivir en un mundo sumido en la discordia.

Aquí es donde llega Zenón de Citio; un exitoso mercader que será el padre de una de las escuelas filosóficas más influyentes de la historia: el estoicismo. Pero ¿cómo pasar de comerciante a filósofo? Cuenta la historia que un día Zenón viajaba en un barco cuando los sorprendió una tormenta. Una tormenta en alta mar en el Siglo III a.C. era una muerte casi segura; sin embargo, Zenón logra salvarse nadando hasta Atenas, pero perdió absolutamente todo. Este encuentro con la muerte, de la que sobrevive de milagro, y la subsiguiente pérdida de todo lo que tenía, será el punto que cambió el rumbo de su vida.

Una vez en Atenas, ciudad conocida por ser un centro cultural y filosófico, Zenón empieza sus estudios de filosofía y en poco tiempo, comenzó a enseñar y promulgar sus propias ideas. Zenón se caracterizaba por enseñar a todos, incluso a los más pobres, dictando sus clases en el pórtico pintado de la ciudad —*stoa poikilé* en griego, de ahí el nombre *estoicismo*—. Aunque se sabe que escribió mucho, nos quedan solo fragmentos de sus escritos, aunque si conservamos la máxima del estoicismo: vivir acorde a la naturaleza, como les expliqué en el capítulo anterior.

Su escuela gozó de cierto éxito. Zenón enseñaba a todos, sin distinguir entre clases sociales, por lo que se llevaba bien con los más pobres, pero también con las clases altas, siendo buen amigo del rey de Macedonia de ese entonces. Esto permitió que, desde el inicio, el estoicismo tuviera una gran acogida por parte del pueblo.

Entre sus discípulos destacan dos: Cleantes y Crisipo. Estos se hicieron cargo de la escuela tras la muerte de su fundador, y ayudaron a sistematizar y a profundizar en las ideas originarias de Zenón. El más importante de los dos, sin embargo, es Crisipo, sin el cual, según conceso académico, el estoicismo habría muerto junto con su padre.

Crisipo dirigió el estoicismo hasta el 208 a.C., y con su muerte se concluye la primera fase del estoicismo. Como ven, esta se caracteriza por sentar las bases y las líneas de la escuela, y todos los pensadores que siguen a continuación profundizan y expanden sobre lo que estos hombres propusieron y plantearon.

Antes de continuar con el estoicismo medio, donde el movimiento se expande y se fortalece, quisiera destacar que el estoicismo surge en un momento de conflicto y complejidad para el individuo bastante análoga con nuestra sociedad hoy en día: paros, revueltas, luchas por el poder son el pan de cada día. Los estoicos, aunque respondieron a unas circunstancias muy concretas, realmente proponen las bases para un estilo de vida que, sin importar nuestras circunstancias concretas, nos ayuda a enfrentarlas y a superarlas; a ser verdaderos guerreros de la vida.

Estoicismo medio

Para esta época, la república romana ha crecido y se ha expandido, ejerciendo cada vez mayor influencia en los pueblos del mediterráneo. Al estoicismo medio pertenecen hombres como Diógenes de Babilonia, Cicerón, Catón el Joven entre algunos otros. El estoicismo para este entonces ya es una escuela establecida y ampliamente reconocida. Esta época es muy importante, porque es aquí donde el estoicismo sale de Grecia y permea las altas esferas de la próxima potencia mundial: Roma.

¿Cómo lograron esto? Resulta que Atenas, debido a ciertos conflictos con el poder central, son castigados con una multa muy alta. Como respuesta, la ciudad mandó a tres filósofos, entre los cuales estaba Diógenes de Babilonia, en una misión diplomática que buscaba bajar la multa a una cifra más sencilla de pagar (una misión exitosa, por cierto). Una vez allí, los tres comenzaron a enseñar al público romano. Fue el primer contacto que el futuro imperio tendría con la filosofía, y tuvieron gran éxito, aunque a las autoridades competentes no les gustara mucho.

Fue la primera semilla del estoicismo en el exterior. Unos setenta años después, Atenas sería invadida por Roma, y la ciudad, ya debilitada respecto a las nuevas grandes metrópolis como Alejandría, Antioquía y Pérgamo, deja de ser el centro cultural e intelectual que una vez fue. Esto dio lugar a una gran salida de los filósofos, quienes se trasladan a las grandes metrópolis que acabamos de mencionar, y, por supuesto, a Roma. El estoicismo se expande.

A lo largo del helenismo, el estoicismo crece y se difunde. Es, de hecho, el periodo del estoicismo de donde tenemos más textos y mayor cantidad de pensadores, aunque la mayoría de lo que se conserva son solo fragmentos. Uno de los mayores logros de esta fase fue la difusión y la popularidad de la doctrina entre la aristocracia romana. En esta época, Roma aún no es el gran imperio que llegaría a ser, y se idealizaba la sencillez y sobriedad del pueblo romano antes de su expansión. Estas ideas simpatizaban con el estoicismo, y la fama de sus practicantes logró que rápidamente se volviera la filosofía preferida del pueblo romano.

Como puedes ver, el estoicismo es una doctrina fácilmente adaptable a estilos de vida, culturas y personas de situaciones radicalmente distintas: no es lo mismo ser un aristocrático romano a ser un filósofo ateniense. Sin embargo, las ideas encontraron amplia aceptación entre todos. Esto explica en gran medida porque fue tan difundida y porque ha sobrevivido, aunque bajo cuerda, hasta nuestros días.

Estoicismo nuevo

Al igual que las dos etapas anteriores, la tercera etapa del estoicismo, conocido como estoicismo nuevo, coincide con un importante acontecimiento histórico: la muerte de Marco Antonio y Cleopatra a manos de Octavio marca el fin del helenismo y el inicio del Imperio Romano.

Si no estás convencido aún que el estoicismo es una filosofía de vida que trasciende a toda clase social y circunstancia, los tres filósofos de esta etapa seguro te convencerán: Séneca, un senador romano, condenado a muerte por su antiguo discípulo, Nerón; Epicteto, un esclavo quien fue condenado al exilio por el emperador Domiciano; y, finalmente, Marco Aurelio, conocido como el último gran emperador Romano.

La vida de estos hombres, aunque vivieron en épocas similares, no podía ser más diferente entre ellos; no obstante, todos practicaban y enseñaban estoicismo. La mayoría de los textos con los contamos provienen de estos autores y su legado será retomado por mucho tiempo después de la caída del imperio que los vio nacer y morir. Dada la importancia de estos autores, exploremos un poco sus vidas y sus legados.

Séneca fue un importante senador, político y orador del imperio romano, escritor del mayor número de obras estoicas que conservamos hoy en día. Fue una pieza importante en la política romana, lo que lo llevó a enemistarse con algunos emperadores, concluyendo incluso en su exilio durante ocho años, dado que la esposa del gobernante de ese entonces lo consideraba peligroso.

Cuando, tras la muerte de Claudio, le fue levantado el castigo, fue nombrado consejero político y ministro del joven Nerón. Junto a Burro, un oficial militar, Séneca fue gobernador *de facto* durante ocho años, una época que es considerada por algunos el mejor gobierno del Imperio Romano. Sin embargo, Nerón comenzará a enemistarse y desconfiar de su mentor, y al comenzar a gobernar, la situación política de Séneca comienza a complicarse. Así, después de haberse retirado, Séneca es acusado falsamente de conspirar contra el emperador y él lo condena a muerte.

Este es, quizá, uno de los puntos más interesantes de la vida de Séneca. En lugar de lamentarse o asustarse, Séneca recibe la noticia con calma. No trata de defenderse. Pide permiso para escribir su testamento, que le será negado por la legislación de la época, y luego considera su siguiente acción. Sabe que Nerón será cruel con él, por lo que opta por el suicidio, asumiendo de frente su destino y haciéndose cargo de este; una gran muestra de la valentía estoica.

Séneca gozó de gran popularidad en su vida, y también tras su muerte. Grandes pensadores de la tradición occidental lo retoman y lo admiran: Erasmo de Rotterdam, Michel de Montaigne, René Descartes, Jean-Jacques Rousseau, Dante, San Agustín, Baudelaire, por mencionar algunos. Fue, además, admirado y retomado por los pensadores medievales, surgiendo incluso la leyenda que San Pablo lo había convertido al cristianismo, aunque no existen pruebas de ello.

El segundo gran pensador del estoicismo medio fue Epicteto. Como ya se los había mencionado, fue un esclavo durante gran parte de su vida, sirviendo a Epafrodito, un secretario del emperador Nerón. De este hombre aprendemos con mayor fuerza la importancia de diferenciar aquello que controlamos de lo que no. Epicteto no conoció la libertad durante su juventud; conoció de primera mano que tanto poder puede tener el otro sobre ti. Sin embargo, ejerció siempre el control sobre sus pensamientos y sus acciones, características que lo distinguen de muchos en mejores condiciones.

Sin embargo, es injusto decir que Epicteto fue únicamente esclavo. Aunque no es claro cuándo, se sabe que fue liberado antes del año 94. Sin embargo, esto no significó necesariamente que sus condiciones mejoraran, pues fue exiliado, junto con los otros filósofos que vivían en Roma, por el emperador Domiciano.

De esclavo a exiliado, Epicteto fundó su propia escuela, y gozó de gran popularidad durante su época. Consideraba que el papel del estoico era enseñar y practicar una vida contemplativa, que buscara la felicidad a partir de la razón, la imperturbabilidad y el desapasionamiento. Aunque este estilo de vida suene en principio poco atractiva, se trata de vivir de manera tranquila, donde las cosas externas, es decir, aquello que no controlamos, no nos llegue a afectar. Después de todo, no hay nada que podamos hacer al respecto.

A pesar de su importancia, Epicteto es de quien menos sabemos de esta tercera fase del estoicismo. Al igual que Sócrates, decidió no escribir, pues consideraba la filosofía algo más práctico que teórico, por lo cual sus enseñanzas nos llegan mediante registros de terceros quienes apuntaban las lecciones de su maestro.

Finalmente, tenemos la figura de Marco Aurelio, último de los llamados Cinco Buenos Emperadores. Conocido como el Sabio o el Filósofo, el reinado de Marco Aurelio estuvo marcado por varios conflictos: guerras con otros países y revueltas internas, los cuales, no obstante, el emperador manejó bastante bien, y su reinado se recuerda como provechoso.

Sin embargo, lo que más quiero destacar de este hombre son sus *Meditaciones*. Este libro es hoy en día uno de los textos más recomendados y valorados sobre pensamiento estoico. Sin embargo, su autor no lo concibió como un tratado filosófico cuando lo redactó. Se trata de un tipo de diario, una guía personal, donde Marco Aurelio anotaba sus pensamientos y registraba su camino y sus esfuerzos por ser cada día la mejor versión de sí mismo que podía dar.

Lejos de dejarse llevar por el poder, Marco Aurelio era un hombre sumamente preocupado por tratar de llevar una vida virtuosa. Las *Meditaciones* es, entonces, un libro sumamente personal, y leerlo es darse un paso por la mente de uno de los hombres más poderosos del mundo de su época. Es adentrase en lo que es llevar una vida estoica en la práctica, con sus tropiezos, sus fracasos y sus esfuerzos por superarse más cada día.

Marco Aurelio muere en el año 180, y con él, el último gran exponente del estoicismo. Su hijo, Cómodo, heredará el tronó e inicia lo que se conoce como uno de los peores mandatos de Roma y el estoicismo comenzará a perder protagonismo y fuerza, aunque nunca llegó a desaparecer del todo.

Estoicismo hoy

El estoicismo como doctrina y escuela filosófica no sobrevive al imperio romano, pero sus ideas y preceptos sí que sobrevivieron. Se camuflan, adquieren otros nombres, sirven a otros propósitos, pero la semilla que plantó Zenón de Citio tenía raíces demasiado profundas para declinar por completo ante el surgimiento de otras tendencias y estilos de vida.

El declive del estoicismo, al igual que el de las demás escuelas helenísticas, llega con el surgimiento del cristianismo como principal creencia durante los últimos años del imperio romano. El cristianismo, como bien sabes, pasó de ser una religión perseguida y prohibida a ser la religión oficial del imperio, adquiriendo una fuerza que lo llevará a ser una de las principales fuerzas del Medio Evo. Incluso hoy, aunque ha perdido gran parte de su influencia, el cristianismo es uno de los pilares culturales de las sociedades occidentales.

El cristianismo considera las religiones y las creencias anteriores a ellos paganas, y promulgan la existencia de un único Dios, y una única creencia y estilo de vida adecuadas: la suya. Sin embargo, no es ningún secreto que, al verse inmerso en la cultura romana, el pueblo judío se vio afectado y su cosmovisión bebe también de fuentes paganas.

Así, gran parte de la filosofía y el pensamiento cristiano está fuertemente marcado por el platonismo, por ejemplo, y el nuevo testamento fue escrito en griego, no en hebreo. De esta manera, la nueva religión no llega a imponer unas creencias radicalmente diferentes a las del pueblo romano; ideas y posturas son apropiadas y profundizadas desde un nuevo marco, pero aún así perviven.

Asimismo, la escuela estoica enseñaba y promulgaba ciertas ideas que eran bastantes compatibles con el cristianismo. Pongamos la postura frente al dinero, por dar un ejemplo. En varios pasajes de la Biblia, Jesús rechaza a los ricos, afirmando que más fácil entra un camello por el ojo de una aguja que un rico al reno de los cielos, pues son personas que se aferran a sus pertenencias y buscan conservar su riqueza por cualquier medio posible.

Los estoicos, por su parte, consideraban el dinero como algo indiferente: no es intrínsecamente malo, pero tampoco es bueno. La relación estoica con el dinero era, por tanto, uno de desprendimiento, pues el tenerlo o carecerlo no era importante y no llevaba a una vida virtuosa.

Como ves, ambas posturas, aún con sus diferencias son bastante compatibles. Lo mismo puede decirse sobre otras cuestiones. La vida estoica, al poner énfasis en el mejoramiento personal, dejaba de lado cuestiones como el poder, el dinero, los placeres fugaces, asemejándose bastante a la concepción cristiana de una vida santa. De ahí que el rechazo a las pasiones de la carne por parte del cristianismo se asemeja bastante al control de las emociones y la búsqueda de una vida racional por parte del estoico.

Estas influencias son, en su mayoría sutiles, es verdad, y no podemos decir que estas tendencias del cristianismo provengan únicamente del estoicismo. Sin embargo, la influencia estoica en la cultura que viene después es indudable. De hecho, existe el mito según el cual se afirma que Séneca fue convertido al cristianismo por San Pedro. Aunque no podemos estar seguros de la veracidad o no de esta historia, sí es cierto que muchos filósofos medievales, como San Agustín y San Jerónimo retoman y estudian a este gran filósofo.

De esta manera, el estoicismo permanece latente, aunque ya no haya pensadores estoicos propiamente dichos. Sin embargo, el estoicismo se retoma propiamente en los 1500s, por un señor llamado Justus Lisius, quien trata de conciliar la doctrina con el Cristianismo, forjando un neo-estoicismo. Este esfuerzo no dura, aunque existe la posibilidad que haya influido en algunos filósofos de la época.

Años después, en 1995, Pierre Hadot retoma al estoicismo, recordando principalmente el concepto que la filosofía debería ser práctica y no simplemente disertaciones abstractas que solo entienden los estudiados. Como ven, ya llegamos a nuestro siglo, y ahora el estoicismo va a tener un resurgimiento, recuperando en gran parte su popularidad de antaño.

Este resurgimiento tiene dos variantes: por un lado, están aquellos que retoman explícitamente el pensamiento estoico, retomando los textos antiguos y pensando cómo pueden aplicarse hoy día, a nuestro contexto y nuestras circunstancias. Por otro lado, el legado del pensamiento estoico se presenta en varios movimientos y búsquedas actuales que, aunque no mencionen si quiera estos filósofos griegos y romanos, si que tienen propuestas en los que su influencia es clara. Vamos a ver un poco de cada vertiente.

La psicología es una de las principales disciplinas que retoman posturas estoicas y proponen terapias basadas en las prácticas con estos hombres. En el 2012, varios terapeutas cognitivos y un grupo diverso de filósofos inauguran lo que se conoce como la semana estoica, un evento que busca dedicar una semana a explorar el estoicismo y proponer actividades y ejercicios prácticos para llevar una vida estoica.

De allí surgen varios autores, libros y pensadores que se autodenominan estoicos y, más que reflexionar sobre lo que dijeron los estoicos antiguos, piensan qué significa y cómo se ve ser un estoico hoy, a principios del siglo XXI.

La segunda vertiente, cómo ya veíamos, es más sutil, pero igual de importante. Es posible que incluso tú has compartido ciertas ideas con los estoicos sin siquiera saberlo. Hoy en día se han popularizado muchos movimientos que buscan el bienestar personal y de la sociedad frente a un mundo caótico lleno de conflictos donde todo parece ir de mal en peor (¿les suena familiar?).

Estos movimientos, sin ser propiamente estoicos, si beben un poco de él, incluso sin darnos cuenta. Ese estoicismo que vivió camuflado en el cristianismo también vive camuflado en distintas posturas que han surgido hoy, cuando el cristianismo ha perdido parte de su influencia.

Piensa en el minimalismo, por ejemplo. Es una práctica que propone reducir nuestras pertenencias a su mínima expresión, conservando únicamente aquello que es realmente valioso. Es una apuesta por contrarrestar los excesos materiales de nuestra sociedad, despejando nuestro espacio y nuestra mente para dar cabida a aquello que consideremos como realmente importante. Esto es muy similar a la idea estoica de la templanza y a la concepción de que nuestras posesiones nos son indiferentes. Es la búsqueda del desapego de lo material, de librarnos de la preocupación por cuantas cosas tenemos o dejamos de tener.

El movimiento *zero waste* es otro ejemplo que va por las mismas líneas, y recupera además otros aspectos propios del estoicismo. La revolución industrial trajo la posibilidad de crear en grandes cantidades muchos productos, además de posibilitar la conservación de aquellos que son perecederos. Esto lleva a una de las problemáticas más apremiante de nuestros tiempos: la cantidad de desechos que generamos.

Los seguidores *zero waste* buscan reducir lo que más pueden la cantidad de desechos que generamos. Aunque puede sonar un poco extremista, hay en este grupo de personas una búsqueda por respetar los ciclos naturales, que no está diseñada para absorber tanta basura, así como los ciclos naturales del hombre, que no necesita de tantos productos para vivir de manera sana y completa. Es ejercer el valor de la justicia, ya no únicamente con el otro, sino con la naturaleza y la sociedad.

Otro ejemplo lo tenemos en la apropiación e incorporación de filosofías y prácticas orientales: el yoga, la meditación, el *mindfulness,* el zen... SI bien estos no son herencia del estoicismo, pues sus raíces vienen explícitamente del lejano oriente, lo que sí es cierto es que estas prácticas y el estoicismo tienen mucho en común, incluso cuando nunca interactuaron en su época. Dada las diferencias culturales, el marco de interpretación de estas prácticas no nos viene dada por la filosofía oriental propiamente, sino de nuestros propios códigos, donde se incluye el estoicismo.

Así, mientras la meditación, el *mindfulness,* entre otros no tienen necesariamente un fin último, estas prácticas en occidente se popularizan como métodos para vivir mejor, para ser felices y vivir de manera más tranquila. De esta manera, estas prácticas orientales permean nuestra cultura en diálogo con las prácticas que unos hombres griegos pensaron hace siglos.

Ahora, no quiero decir que tienes que participar de estos movimientos. En absoluto. Son ejemplo de cómo el estoicismo está vivo por sí solo, sin necesidad que estudiosos lo retomen y lo revivan. Como podrás ver, el estoicismo está muy vivo. Incluso podemos decir que estamos en una nueva fase del estoicismo, propio de nuestra época y nuestras circunstancias.

Espero que ya no te queden dudas de que el estoicismo aplica para tu vida, sea cual sea tu contexto, tus circunstancias y los retos a los que te enfrentes.

3
DOMINA TU MENTE: PRINCIPIOS PARA TENER CONTROL DE TUS MIEDOS

Ya sabes qué pensaban a grandes rasgos los estoicos, dónde surgieron y como se desarrolló el pensamiento a lo largo de los años. Esto es, por decirlo así, la materia prima, aquello con lo que podemos construir una vida de guerrero. Pero, para que nuestros pilares se sostengan, es necesario sentar unas bases sobre las cuales pueden erguirse estables y firmes.

Para poder llevar una vida estoica y emprender este camino con éxito, es necesario tener en cuenta qué actitudes y que prácticas debemos comenzar a implementar. De lo contrario, el camino será tortuoso y casi imposible de seguir. Hemos planteado ya las bases filosóficas, los principios más abstractos. Ahora sigue saber cómo podemos ponerlos en práctica.

Estas bases la exploraremos en dos momentos. En primer lugar, exploraremos el control de nuestros miedos y de nuestra mente.

¿Controlar tus miedos?

En primer lugar, tenemos el control de los miedos. Aunque se trata de algo muy específico, controlar nuestros miedos se traduce en controlar nuestra mente, pues el miedo y la ansiedad son sensaciones que, más que otras, pueden paralizarnos e impedir que actuemos de la manera más adecuada.

Ahora, para controlar nuestros miedos, es necesario preguntarnos: ¿qué es el miedo? ¿Qué lo causa? Si no tenemos claro a qué nos estamos enfrentando, no hay manera posible de controlarlo y ser dueño de nuestras reacciones y nuestros sentimientos.

En primer lugar, ¿qué es el miedo? Piensa por un momento a qué le tienes miedo, grande o pequeño. Puedes coger una hoja de papel, hacerlo en el celular, en el computador, incluso en una servilleta. Lo importante aquí es pensar detenida y sinceramente, a qué le tenemos miedo, sin importar que parezca algo tonto. Date unos cinco o diez minutos para ser completamente sincero contigo mismo.

¿Has terminado? Ahora miremos la lista. Es posible que hayas anotado cosas pequeñas (que también son válidas) como las mariposas, las cucarachas o no tener ropa limpia para esa cita que tienes. También es posible que hayas anotado cosas más grandes: que me despidan del trabajo, que a ese ser querido le suceda un accidente, que no aprueben mi tesis de grado o propuesta de proyecto.

Muy bien. ¿Qué tienen todas estas cosas en común? Puede que la mayoría se relacionan con un tema, algo específico: las relaciones con los demás, por ejemplo. O puede que ninguno tiene que ver con el otro. En cualquier caso, todos tus miedos, y todos los miedos de las demás personas, tienen un elemento en común. ¿Tienes alguna idea de qué puede ser?

Por un lado, ninguno de estos miedos es una realidad en este instante. No te han rechazado la tesis, no has mirado tu armario, ninguno de tus seres queridos ha tenido un accidente. ¿Es posible que ocurra? Claro que sí. Pero, en este instante, no ha sucedido nada. El miedo, entonces, surge frente a la posibilidad de una amenaza futura. Incluso si miramos una situación más drástica, esto se mantiene. Supón que estás solo, de noche, en la calle, y te encuentras con alguien que te apunta con una pistola. Sientes miedo, pero ¿de qué? Puedes tener miedo de que te robe, o que te dispare. Es una amenaza muy real. Pero, en ese momento, *aún no ha sucedido*.

Por otro lado, nuestros miedos también son cosas que percibimos como una amenaza a nuestra integridad física, mental o emocional. Nadie tiene miedo de que su amigo le dé un regalo, pero sí que tenemos miedo de hacer el ridículo o de perder nuestra fuente de ingresos. Incluso miedos que a muchos parecen insustanciales, como el miedo a las mariposas, es percibida por quien teme como una amenaza. La mariposa, por el motivo que sea, es un elemento que atenta contra la integridad de alguien.

El miedo es natural, y no es nuestra intención rechazarlo o tratarlo como algo que hay que suprimir y esconder bajo cualquier medio posible. Cualquier ser vivo necesita del miedo para sobrevivir, pues es un indicador de que estamos bajo peligro y es necesario tomar alguna acción para preservar nuestra vida. Sin embargo, no podemos dejar que el miedo nos domine, pues nos puede llevar por caminos que no queremos, o evitar que tomemos riesgos que pueden ser beneficiosos a largo o corto plazo.

Es el miedo el que impide que es violinista sea parte de una orquesta de talla mundial al pensar que puede equivocarse. Es el miedo el que impide a proponer ese proyecto que te puede conseguir un aumento, nuevos contactos y satisfacción personal en tu trabajo. El miedo nos paraliza, nos impide actuar y nos impide pensar de manera racional y lógica.

Pero ¿qué causa el miedo? ¿Por qué nos angustiamos por algo que aún no ha sucedido? El ser humano busca por naturaleza la comodidad, el camino más fácil. Cuando consideramos exponernos a algo que nos saque de esa zona de confort, aquello que ya conocemos y dominamos, la reacción más natural es el miedo. En lo nuevo, en lo desconocido, hay una amenaza implícita.

Otra causa del miedo puede ser nuestras experiencias previas que indican que cierta actividad o cierto elemento es un peligro que debemos evitar. Así, si una persona tuvo un accidente automovilístico, es probable que tema montarse en otro vehículo, o la velocidad excesiva cuando se encuentra en uno.

Las causas de los miedos pueden ser variadas y profundas. En la gran mayoría de los casos, no podemos llegar a las causas de nuestros miedos por nosotros mismos. Sin embargo, es importante hacernos esta pregunta para así comprender que el miedo es, en todo caso, la percepción de una amenaza ya sea real o imaginada, y nuestra tendencia natural es evitarlo.

Ya que sabemos qué son nuestros miedos son nuestra reacción natural a un peligro que aún no ha sucedido. Ahora, ¿cómo los dominamos? ¿Es siquiera posible? Una de las ventajas del estoicismo sobre otras propuestas o modos de vida, es que no pretende que ignoremos los miedos, los escondamos o neguemos su existencia. Por el contrario, para dominar nuestros miedos, tenemos que cambiar nuestra relación con ellos.

Vamos a hacer un pequeño ejercicio. Vuelve a tu lista de miedos, y señala que cosas están dentro de tu control, realmente. ¿Qué situación puedes realmente controlar? Si te fijas, ninguna de estas cosas está dentro de tu control: no puedes tomar la decisión final sobre la aprobación de tu proyecto, no puedes controlar los otros carros ni sus conductores, no puedes hacer que la ropa aparezca limpia mágicamente al abrir tu armario, y no decides si la mariposa entra o no al cuarto.

En parte, esto es lo que nos atemoriza de ciertas circunstancias. Nos sentimos impotentes, incapaces de protegernos frente al daño que suponemos que nos va a afectar. Y esto lo debemos reconocer, encontrarnos cara a cara con nuestra propia imposibilidad de controlar el mundo que nos rodea para volverlo un lugar más seguro, con menos riesgo para nosotros mismos.

Ahora, es posible enfrentarnos a estos miedos sin ponernos realmente en mayor riesgo. Hagamos otro ejercicio. Elige uno de los miedos de tu lista, aquel que sientas más cercano, más plausible. Imagina que ese miedo se hace realidad. Pongamos por ejemplo que temes que tu jefe te despida del trabajo. ¿Qué pasaría si sucediera? ¿Qué es lo peor que te puede pasar? Quizá tu pareja se enoje contigo. Quizá tu situación económica es compleja y la falta de ingresos te dejaría con deudas que no puedes asumir. Quizá te toque mudarte a un sector más económico, menos cómodo. Quizá tienes que vender algunas cosas para tener el dinero suficiente para suplir tus necesidades. Imagina que todo esto ocurre, imagina que tus peores pesadillas se hacen realidad.

Puede parecer, en principio, contraproducente. Estamos en un mundo donde se invita a cultivar el pensamiento optimista y ver el lado bueno de las cosas. Pero ¿realmente esto funciona? A pesar de todos esos estímulos, las personas siguen angustiadas y deprimidas. El camino estoico propone hacer el esfuerzo contrario.

¿Te acuerdas de la valentía estoica? Esto es precisamente eso. Lo que logramos cuando nos imaginamos en el peor escenario posible es enfrentarnos, quizá con temor, pero de frente, a la realidad. Es posible que todo esto suceda, y es necesario que lo reconozcamos.

Pero también hay algo que podemos aprender de este ejercicio. Si aquello que temes llega a suceder, ya sabes a lo que te enfrentas, ya sabes qué consecuencias traerá y a qué retos tendrás que enfrentarte. Ya no te estás enfrentando a lo desconocido y eso hace más fácil enfrentarte a la situación. El saber qué puede suceder te permite pensar con anticipación qué puedes hacer en caso de que se haga una realidad. Así, las consecuencias no son tan trágicas: podrás reaccionar y no estarás perdido.

Volviendo a nuestro ejemplo del recién desempleado. Como sabes que corre el riesgo que te despidan y sabes todo lo que puedes perder al perder tu fuente de ingreso, puedes comenzar a generar un ingreso paralelo, vendiendo algún producto, por ejemplo, que te dé un margen con que puede contar en caso de perder empleo. Puedes crear un fondo de ahorro que solo sea utilizado mientras consigue un nuevo empleo.

Así, el peor escenario imaginable ya no parece tan malo, y la posibilidad de que suceda no genera tanta angustia: podremos enfrentarnos a ella sin ningún problema, porque ya lo veíamos venir.

Al mismo tiempo, afrontar así nuestros miedos puede llevarnos por otro camino: caer en cuenta que aquello a lo que temamos no es realmente algo tan negativo. Puede que el despido sea el empujón que necesitamos para iniciar esa idea de negocio en que no hemos trabajado porque no hemos tenido tiempo. Puede que eso sea lo que nos lleve a encontrar aquel trabajo que nos hace sentir realmente realizados y orgullosos con nuestra labor. Aquello que temíamos resulta siendo algo positivo si lo observamos de cerca.

También existe la posibilidad de que notemos que la situación en sí no es negativa en absoluto. Lo que es negativo es nuestra reacción, nuestra actitud frente a él. El hecho que rechacen tu propuesta de trabajo no llevará a tu despido, no significa que tu trabajo no sea valioso o que sobres dentro de tu equipo. Lo que vuelve la situación negativa es que tú lo tomes como un asunto personal, como algo que determina tu valor como empleado y como persona. Si cambias de perspectiva, el miedo sencillamente desaparece.

Tu trabajo de ahora en adelante es, entonces, el siguiente. Cuando sientas angustia o temor por algo, siéntate e imagina que llega a suceder. Piensa, vive en tu imaginación que ese temor se hace realidad y en las consecuencias que surgen. Reconócelas, escríbelas si lo consideras necesario. Y, de la manera más objetiva que puedas (recuerda la sabiduría estoica, la disciplina de la física), analiza realmente qué tan negativas son estas situaciones, y cómo puedes enfrentarte a ellas de la mejor manera posible en caso de que se hagan realidad.

Lo anterior es tan solo la primera parte de nuestro camino para tener dominio de nuestra mente y el control de nuestros miedos. Hasta el momento, hemos visto cómo podemos analizar nuestros miedos de cerca y enfrentarnos en caso de que sucedan. Pero, también debemos asumir nuestra responsabilidad frente a la posibilidad que de hecho se haga realidad.

Recordemos que uno de los principios estoicos es la dicotomía del control: diferenciar aquello que está en nuestro control de aquello que es ajeno a él. Por lo general, nuestros miedos son cosas que se salen de nuestro control y en parte por eso nos angustian. Pero lo que sí está en nuestro control es hacer las cosas de manera que sea menos probable que sucedan.

Volvamos al ejemplo de la persona que teme que su jefe lo despida. Analicemos detenidamente la situación. ¿Por qué nos echaría nuestro jefe? Puede que la economía esté en un momento difícil y sea necesario para la empresa a hacer un recorte de personal.

Puede que no estés entregando los resultados óptimos. Puede que estés llegando tarde al trabajo.

Como puedes ver, en todos estos motivos hay algo que podemos hacer para evitar que nos despidan, aunque no podamos garantizar que no suceda. Podemos encontrar la manera de agilizar nuestras mañanas para llegar todos los días a tiempo. Podemos tener el mejor rendimiento posible y hacer nuestro trabajo de manera que nuestro jefe considere que es mejor conservarnos y que conseguir un reemplazo no sea lo más provechoso.

Vuelve a mirar tu lista y a elegir uno de tus miedos. Puede ser el mismo que ya usaste o buscar uno distinto, y pregúntate, ¿qué puedo hacer para prevenir estos acontecimientos? Es importante que te centres únicamente en aquello que está dentro de tu poder, es decir, tus acciones y tus actitudes frente a las situaciones. Lo demás se te sale de las manos, y no puedes depender de que algo suceda de cierta manera, porque no tienes forma de garantizar que así sea.

Puedes ver que tus miedos, aunque se escapen de tu control, no están totalmente sujetos al azar. Tú tienes control sobre cada una de las acciones que puedes tomar para disminuir las posibilidades que algo suceda. Esto no implica que puedes evitarlas por completo, pero si puedes reducir en parte sus posibilidades.

Así, lo que temes se vuelve también más distante y menos amanzánate: después de todo, está en tu poder evitar, en gran medida que llegue a suceder en la realidad. Junto a nuestro primer ejercicio, donde asumes que sucede y te preparas para enfrentarte a las consecuencias, verás que, aunque tus temores siguen ahí, tienes la valentía para enfrentarte a ellas con sabiduría.

Asimismo, reconocerás que tus temores son, en muchos casos, irracionales. Esto no quiere decir que sean negativos en sí mismos, ni que debamos rechazarlos. Pero sí significa que nuestra aproximación a ellas debe ser racional, calmada y teniendo siempre en cuenta cuál es tú papel y qué puedes hacer tú frente a la situación.

Para resumir, expondremos a continuación los pasos a seguir cuando te estés enfrentando a un temor, para que te sirva de guía cuando lo necesites:

1. Identifica exactamente aquello que te angustia
2. Imagina que tu miedo se hace realidad. ¿Qué pasaría? ¿Cómo te sentirías?
3. Determina que puedes hacer para enfrentarte a las consecuencias.
4. Determina qué puedes hacer para evitar que el peor escenario se haga realidad.

No vas a lograr controlar tus miedos en un día, una semana o un mes. Es una práctica. Puede que al principio te resulte difícil, pero con el paso del tiempo verás que se te facilita, y podrás enfrentarte a cualquier circunstancia.

¿Dominar tu mente?

Hasta el momento hemos hablado de los miedos y como controlarlos. ¿Cómo lleva esto al dominio de nuestras mentes? El control de nuestros miedos, aunque parezca un contexto muy específico, es un gran paso para el dominar nuestra mente. El miedo es uno de esos sentimientos que más suele apoderarse de nosotros, que parece encerrarnos en una red de angustias del que sentimos que no podemos salir.

Los ejercicios anteriores nos permiten entrenarnos para cambiar nuestra perspectiva frente a las cosas: en lugar de actuar según nuestras reacciones inmediatas, nos obliga a sentarnos a observar aquello que nos está sucediendo y valorarla por lo que es, y no por lo que nos inspira, sea positivo o negativo. Nos enseña no solo separarnos de nuestros miedos, sino a separarnos de todas aquellas circunstancias que están fuera de nuestro control, a ejercitar la valentía, la templanza y la sabiduría estoica.

El dominio de nuestras mentes es ser capaces de desapegarnos de nuestros impulsos más primarios en favor de una vida racional y virtuosa, es ejercer el hábito de detenernos y observarnos detenidamente.

Pero ¿qué sucede si, en estos momentos de nuestra vida, no tenemos un temor específico, algo que nos angustie? Puede que estés en un momento de éxito, de tranquilidad y todos tus temores parezcan algo lejanos. No te preocupes; también puedes entrenar tu mente y aprender a controlar tus miedos con otro tipo de ejercicios.

Ya habíamos visto que los miedos surgen cuando nos enfrentamos a algo que percibimos como amenazante, algo que nos saque de nuestra zona de confort. Una gran manera de entrenarnos es, entonces, exponernos a situaciones que nos incomoden, por voluntad propia. Esto no tiene que ser necesariamente acciones drásticas; no tienes que ir una semana a vivir al bosque. Con un poco de creatividad, verás que hay muchas cosas que puedes hacer para incomodarte:

- Ducharte con agua fría durante un mes.
- Dormir una semana en el piso.
- Mantener una dieta sencilla durante una semana.
- Tomar la ruta larga para llegar al trabajo o a la universidad.
- Privarte de usar el celular durante cinco horas al día (o más).
- No usar sal, especias o azúcares en los alimentos que consumas.
- No llevar paraguas un día que esté lloviendo, o parezca que lo hará.
- No usar chaqueta un día de frío.
- Hacer un voto de silencio durante un día.
- No usar aparatos electrónicos durante un día.

Estás actividades no te ponen en riesgo, pero sí te obligan a privarte de ciertos privilegios y ciertas comodidades a las que tienes acceso. No es sencillo privarte de tu cama, o prescindir de una chaqueta cuando sientes frío, pero es precisamente esa dificultad la que buscas.

Una vez termines estos retos, u otros que se te ocurran, verás que puedes vivir tranquilamente sin ellos. No son negativos, pero tampoco son necesarios para vivir. Una vez caes en cuenta de eso, la posibilidad de perderlos no se vuelve tan tenebrosa: ya lo has experimentado y has sobrevivido.

Paralelamente, estás entrenando a tu mente a no sucumbir a las primeras impresiones. Para poder enfrentarnos a estos pequeños retos, es necesario aproximarnos a ellos de una manera tranquila, racional y sosegada; de lo contrario se vuelven simplemente experiencias tortuosas sin sentido alguno.

Te propongo que cada mes elijas una actividad, que te saque un poco de tu zona de confort. Lleva un registro del reto donde anotes tus percepciones y tus reflexiones. ¿Cuáles son tus dificultades? ¿Era lo que esperabas? Posteriormente podrás revisar tus notas y verás que no solo puedes enfrentarte exitosamente a las privaciones, las dificultades, lo incómodo, sino que aquello que parecía en un principio horrible, no es tan grave.

4
HÁBITOS PARA MANTENER EL CONTROL DE TU CUERPO Y EMOCIONES

Ahora, sentaremos nuestra segunda base antes de pasar a construir nuestros pilares. En el capítulo anterior, exploramos algunos ejercicios y estrategias para aprender a dominar nuestra mente y controlar nuestros miedos. Hay, no obstante, un segundo aspecto que es necesario explorar: el control del cuerpo y de las emociones. Ambas, aunque parezcan separadas, están ligadas.

¿Cómo están relacionadas emociones y cuerpo? Las emociones son, en principio, reacciones químicas y hormonales que surgen en tu cuerpo como respuesta a determinados estímulos externos. Las emociones son hechos, y es necesario reconocerlos como tal. Ahora, estas reacciones químicas y hormonales desencadenan distintas reacciones neurológicas y comportamentales, que nos llevan a ciertas acciones y a percibir el mundo de cierta manera.

Si las emociones son reacciones corporales, ¿qué es entonces el cuerpo? Puesto muy sencillamente, el cuerpo es un sistema muy complejo compuesto de muchas partes y que funcionan gracias a partir de varios sistemas más simples que tienen que interactuar entre ellos. Es toda la parte material de nosotros mismos. Es frágil, vulnerable y está sujeto al deterioro a las enfermedades y, finalmente, morirá.

Visto de esta manera, tanto las emociones con el cuerpo entran, según la concepción estoica, dentro del campo de cosas que no controlamos. Aunque hay casos registrados de personas que logran bajar a voluntad su ritmo cardiaco, o regular la temperatura interna de su cuerpo, lo cierto es que tenemos poco, si algún, control sobre nuestra propia fisiología.

¿Cómo podemos hablar de control del cuerpo y de las emociones? ¿No es esto contradictorio contra los principios estoicos? Habíamos visto que la física nos indica que debemos conocer y aceptar el mundo como es, aun cuando no nos conviene o no es lo que quisiéramos. Si bien es cierto que la mayor parte de lo que hace y le sucede a nuestro cuerpo está fuera de nuestro control, y es cierto que nuestras emociones son reacciones que no podemos prevenir o desencadenar a gusto, si hay una parte de estas dos cosas que están bajo nuestro poder.

Si no tuviéramos control alguno sobre nosotros mismos, no seríamos seres racionales. Quizá es en este punto donde es más complejo, pero al tiempo más importante discernir entre aquello que controlamos y lo que no. No es una respuesta obvia, pero juntos exploraremos cómo podemos llegar a dominarnos a nosotros mismos.

Empecemos por el cuerpo. Es, quizá, la parte más sencilla. El cuerpo lo podemos sentir, lo podemos tocar. Es algo material. Pero ¿cómo lo controlas?

Vamos a explorar primero qué podemos controlar de nuestro cuerpo, y qué no. Claramente, no podemos controlar ninguno de nuestras reacciones fisiológicas: qué tan rápido late nuestro corazón, que hormonas liberamos, que enfermedades penetran nuestras defensas. Pero, tenemos cierto control sobre el ritmo de nuestra respiración, sobre nuestros movimientos, nuestras acciones y sobre como lo tratamos.

Como ves, no eres víctima de tu cuerpo. Eres dueño de él, y aunque no tengas la última palabra en todo lo que sucede, si tienes una gran influencia. Esto es lo que vamos a aprender a controlar.

Ahora, miremos un poco las emociones. Las hormonas y reacciones químicas son, como ya vimos, la parte de tu cuerpo que no controlas. Y, aunque en principio esto sea lo que causa las emociones, te sorprenderías sobre la cantidad de influencia que tienes sobre ellas. Exploremos un poco cómo lo logras.

Controla tus emociones a través de tu cuerpo

En general, lo que sientes afecta tu cuerpo de alguna manera. En el mismo sentido, tu cuerpo afecta tu estado de ánimo. ¿No me crees? ¿Cuántas veces has estado emocionado al tiempo que estás con gripa y fiebre? Habitualmente, al estar enfermo, nos sentimos desanimados, decaídos. O, a la inversa: cuándo estás estresado, ¿no sientes los hombros más tensos?

Así, puedes controlar tus emociones a través del control y las acciones que tomes sobre tu cuerpo. No vas a dejar de sentir, ni vas a decidir cuál es tu estado de ánimo en cada momento, pero sí podrás cambiar cómo reaccionas ante las situaciones y cómo te relacionas contigo mismo.

Empecemos por lo más básico: la respiración. Lo haces todo el tiempo, inconscientemente. Pero tienes dominio sobre él: puedes aguantarla para nadar bajo el agua, o inhalar más profundamente durante un examen médico. Y este acto tan sencillo es la clave para controlar la mayor parte de tus emociones.

¿No estás convencido? Vamos a ver un poco como respira la gente. Si te fijas, cuando alguien duerme, su respiración tiende a hacerse más lenta y más profunda. Es la respiración de alguien que está relajado y tranquilo. Cuando ves a alguien teniendo un ataque de pánico, su respiración es corta y veloz: claro signo de angustia y estrés. El ritmo y la profundidad de la respiración son claros indicios del estado mental de una persona.

Tú puedes usar este hecho a tu favor. Te propongo el siguiente ejercicio. Todos los días, tómate un par de minutos para respirar profundamente: diez inhalaciones, diez exhalaciones. Respira conscientemente, dejando que tu estómago crezca al inhalar y se contraiga al exhalar. Lo puedes hacer en cualquier lugar: mientras manejas o vas en bus a tu trabajo, cuando te acuestes a dormir, mientras ves televisión.

Puede que no notes un cambio repentino o inmediato, pero la práctica es importante. Cuando suceda algo que te enoje, te preocupe o te angustie, toma de nuevo ese par de minutos para respirar diez veces. Esa pausa, ese momento que te das, es suficiente para evitar una acción precipitada y practicar la disciplina de la aprobación: ya con calma puedes analizar tu reacción y decidir si la rechazas o la apruebas.

También tienes control sobre tus movimientos y tus acciones, y esto no es poca cosa. Tú decides cuando acostarte, levantarte, si correr, caminar o saltar, si te encoges de hombros o caminas con la espalda derecha. Todo esto influye sobre nuestras emociones. El sedentarismo, además de los problemas de salud que puede traerte, está relacionado con deterioro del estado de ánimo.

Ahora, antes de que pienses que tienes que salir a comparar una subscripción a gimnasio. Estacionar lejos de la entrada del almacén, ir a pie a sitios cercanos, subir escaleras en lugar de tomar el ascensor son maneras de moverte que no te exigen tanto, pero contribuyen a mejorar tu estado de ánimo.

Ahora, puedes llevarlo un paso más lejos y dedicarte a hacer ejercicio. Puede ser en un gimnasio o en la comodidad de tu casa. Es una gran manera de mantener tu cuerpo en un movimiento constante; no tienes que ir una hora, ni adquirir un cuerpo de modelo. Basta con 30 minutos al día para tener los beneficios que te da el ejercicio.

También tienes control sobre cómo tratas tu cuerpo. Aunque esto no es un dominio de tu cuerpo directamente, si lo es de manera indirecta. ¿Te acuerdas del ejercicio de visualización negativa que te propuse en el capítulo anterior? Lo mismo aplica cuando piensas sobre tu cuerpo: te vas a enfermar, te vas a lastimar, vas a tener dolencias. El cuerpo, es después de todo, frágil y precario. Y, como ya habíamos visto, nadie es realmente feliz cuando está enfermo.

La segunda parte de este ejercicio de visualización consiste en pensar que podemos hacer para bajar las probabilidades de que suceda, o poder enfrentarlas de mejor manera cuando lleguen. En el caso de tu cuerpo, tiene que ver con cómo lo tratas: qué estás comiendo, cuánto estás durmiendo, qué sustancias le introduces. Tú controlas estos aspectos, y ellos influyendo directamente sobre tu estado de ánimo y, por ende, afecta directamente tu potencial.

Vamos a resumir lo que hemos propuesto hasta ahora. Si bien muchos aspectos de tu cuerpo se salen de tu control, hay muchos sobre los cuales tienes dominio. Estos son los aspectos en los que debemos enfocarnos para llevar una vida estoica:

- La respiración
- Las acciones
- Cómo lo tratamos

Estos aspectos tienen un efecto indirecto sobre nuestro estado de ánimo, y nos sirven para contribuir a generar más estados positivos que negativos. Los hábitos que debes generar son:

1. Respirar profundo, incluso cuando no estés bajo el influjo de alguna emoción. Esto te enseñara a calmarte después y es una clave para practicar la disciplina de la aprobación.
2. Tener una vida moderadamente activa. Esto, hecho de manera constante, contribuirá a mejorar tu estado de ánimo
3. Tratar a tu cuerpo de la mejor manera posible mediante una buena dieta, durmiendo adecuadamente y no ingiriendo nada que podría hacerte daño. Para esto necesitas templanza y ejercer la disciplina del deseo.

Controla tus emociones a través de tu mente

Todos los ejercicios que acabamos de exponer son herramientas útiles, pero insuficientes. Habíamos dicho ya que las emociones son hechos, no opiniones. Puedes hacer todo lo anterior, y aún así sentirás rabia, frustración, angustia. ¿Por qué hacerlas entonces? Porque, junto con los ejercicios que te propondré en este apartado, nunca te relacionarás con tus emociones de la misma manera.

Exploramos las maneras como, a través del control sobre nuestro cuerpo podemos tener alguna influencia sobre nuestras emociones. Pero, el ser humano no es únicamente cuerpo. Somos también mente, seres racionales. ¿Esto qué significa? Que no podemos controlar nuestras emociones, pero sí la manera como nos relacionamos con ella y la manera cómo actuamos cuando surgen.

El objetivo no es, entonces, *controlar* nuestras emociones. El objetivo es controlar nuestras acciones, nuestras palabras y nuestros pensamientos cuando estas surgen y tratan de dominarnos. Ahí es donde nosotros tenemos control, y responsabilidad, absoluta.

Lo anterior aplica tanto para las emociones que concebimos como negativas, como las que concebimos positivas. Tanto la alegría como la tristeza nos pueden llevar a tomar decisiones precipitadas y erradas. Para alcanzar nuestro máximo potencial, es necesario tener una actitud racional frente a nuestros impulsos.

Pero ¿cómo lograrlo? Para empezar, es necesario identificar nuestras emociones en el momento que surjan. Esto, no es siempre sencillo, pues tendemos a reaccionar y a no preguntarnos el motivo, o lo que pensamos que era enojo resulta ser miedo ante una examinación más detenida.

Vas coger una hoja de papel, y vas a pensar en una situación reciente que te haya suscitado una emoción fuerte. Luego, has una lista de lo que sentiste en ese momento: alegría, tristeza, emoción, angustia, tranquilidad, enojo.... Pueden ser muchas o pocas; lo importante es que pienses detenidamente en qué emociones se hicieron presentes.

Ahora, pregúntate: ¿qué intensidad tuvo cada emoción? ¿Fue bajo, moderado o alto? Esto te ayudará a determinar cómo reacciones ante distintas situaciones; a veces, reaccionamos con enojo cuando estamos estresados, por ejemplo.

Ahora que tienes tu lista con emociones graduadas, vas a concentrate en la (o las) emoción más fuerte. ¿Por qué te sentiste de esa manera? ¿Qué situación concreta dentro del evento generó esa sensación en lugar de otra? ¿Cómo reaccionaste ante ella? Lo más seguro es que te des cuenta de que te dejaste llevar por tu emoción y muchas veces, la causa del sentimiento es distinta a la que pareciera ser en primera instancia.

Aunque puede tomar algún tiempo, este ejercicio es útil y necesario para comenzar a identificar nuestros sentimientos y las situaciones o cosas que suelen desencadenarlos. El ser conscientes de ello permitirá que, cuando lo enfrentemos en un futuro, seamos capaces de distanciarnos y no dejarnos llevar. Junto con el control de la respiración, podremos dar un paso atrás y decidir si aprobamos o no nuestra reacción instintiva.

Asimismo, este ejercicio ayuda a fortalecer el autoconocimiento, un elemento importante para los siguientes ejercicios que te propondré. Estos toman menos tiempo, y es ideal que los hagas todos los días en la medida de lo posible: una al levantarte, y otra antes de acosarte.

Por la mañana, como parte de tu rutina, te propongo que separes un par de minutos para hacer lo que se llama una meditación matutina. Busca un lugar cómodo y silencioso donde te puedas sentar y enfócate en lo siguiente:

1. Repasa mentalmente lo que harás durante el día. No tiene que ser demasiado detallado, pero sí completo.
2. Piensa con qué retos o dificultades es posible que te encuentres durante el día.
3. ¿Cuál es la manera más virtuosa y racional con la que puedes responder a esta amenaza? Recuerda las cuatro virtudes cardinales.

Esto te permitirá prevenir las emociones y tus reacciones ante las situaciones que podrían venir y, en caso de que tus predicciones sean correctas, te permitirá reaccionar adecuadamente.

El ejercicio nocturno que te propongo es, en cierto modo, la acción inversa. Vas a llevar un diario, donde, en lugar de hablar de tus sentimientos a lo largo del día, vas a reflexionar sobre lo que sucedió. Hazte las siguientes preguntas:

1. ¿Cuándo te equivocaste?
2. ¿Qué hiciste bien?
3. ¿Qué tienes que mejorar para mañana?

Con estos datos, sabrás qué debes continuar haciendo y qué debes mejorar en el futuro. Con el paso del tiempo, tienes un registro claro de tu progreso y podrás ver cuáles son tus falencias y tus debilidades.

El objetivo de estos ejercicios es generar mayor conciencia de ti mismo, de tus sentimientos y de tus actitudes. No podemos solucionar y progresar, si no tenemos claro los errores y los puntos débiles que debemos mejorar.

Recuerda que estas son las bases sobre las cuales se sostendrán los pilares que te permitirán alcanzar tu mayor potencial. Queremos construir el edificio más sólido, los hábitos más sólidos con los que podremos llegar más lejos de lo que creíamos posible, y para eso es necesario tener completa conciencia de nosotros mismos.

Construir hábitos

Antes de pasar al siguiente apartado, concretemos todo lo que hemos discutido hasta el momento en una serie de hábitos que nos permitirán tener el mayor control que podamos sobre nuestros sentimientos, nuestras acciones y nuestro cuerpo. No es absoluto, pero harás más de lo que hacen la mayoría de las personas.

No tienes que comenzar a implementarlos todos mañana; puedes empezar de a uno en uno e ir construyendo así un estilo de vida acorde a tus circunstancias que te permite dar lo mejor de ti cada día. Pero, idealmente, llegará el punto en que hagas todas estas acciones diarias.

- Respirar profundo 10 veces
- Algún tipo de ejercicio o movimiento
- Realizar la meditación matutina
- Realizar la reflexión nocturna

Como ves, no es mucho, y sin embargo te ayudará muchísimo a construir la mejor versión de ti mismo. Es probable que no notes resultados inmediatos o tangibles, pero no desistas. Este tipo de actividades son efectivas cuando llevas algún tiempo haciéndolas, y muchas veces no lo notamos hasta algún tiempo después, en una circunstancia muy concreta.

Siéntete libre de agregar o quitar hábitos a esta lista; si descubres que algo más que te ayude a cumplir tus objetivos, no dudes en agregarlo. Asimismo, si algo no te sirve, aunque lo hayas intentado, modifícalo u omítelo del todo. El estoicismo es una forma de vida dinámica y adaptable, y puedes moldearla según tus circunstancias, siempre que no olvides lo fundamental que expusimos en el primer capítulo.

Para adquirir estos hábitos (o cualquier hábito que desees implementar en tu vida), es útil utilizar un registro de tus hábitos que te permite marcar al final de día si lo has hecho o no. Esto te permite ver con qué frecuencia lo haces, sirve como un recordatorio de tus objetivos y te permite centrarte en aquello que debes mejorar.

Existen aplicaciones para hacer esto, o también lo puedes hacer en papel. Las aplicaciones tienen sus ventajas: te pueden dar recordatorios, puedes acceder a ellas virtualmente desde cualquier lugar... El papel, no obstante, tiene sus propias ventajas: puedes modificarla cuantas veces quieras para satisfacer tus objetivos, el acto mismo de escribir ayuda al cerebro a interiorizar objetivos queda en tus manos como te sirve a ti hacer este seguimiento.

Sea cual sea que elijas, la idea es hacer un seguimiento diario de tus hábitos. Las aplicaciones suelen dejarte elegir o crear el hábito que deseas y no es sino entrar y marcar qué hábitos hiciste. Si lo haces en papel, escribe en una columna al lado izquierdo los hábitos, en la fila de arriba las fechas, y marcas con una x o un punto el cuadro correspondiente cuando lo hagas. Veamos un ejemplo de cómo puede verse esto:

	Abril 1	Abril 2	Abril 3	Abril 4	Abril 5	Abril 6	Abril 7
Habito 1	x		X	x	x		x
Habito 2	x	X	X	x	x	X	
Habito 3		X		X		x	

El siguiente paso es elegir un rango de tiempo, puede ser semanal o mensual, para hacer seguimiento de tus hábitos. Revisa tu tabla o tu aplicación, y fíjate con qué frecuencia has hecho tus hábitos. Si lo haces diario, ¡excelente! Si no, pregúntate qué dificultades o tropiezos te has encontrado para hacerlo. De pronto tienes poco tiempo, se te olvida, no te provoca... Sea lo que sea, identifica el problema. Luego, piensa en que puedes hacer para eliminar o reducir esos inconvenientes.

Recomiendo hacer esto semanalmente, especialmente cuando quieres adquirir un hábito nuevo, pues te permite hacer cambios sutiles más seguidos que te garantizarán el éxito, además de darte todos los datos que necesitas para saber si es necesario agregar o eliminar un hábito de tu vida.

De esta manera, podrás implementar hábitos en tu vida de manera sencilla; evitarás ponerte excusas y verás que, siendo constante, en un año no te reconocerás.

5
PILAR #1: IGNORANCIA DE LA ACCIÓN EXTERNA: CÉNTRATE EN TU CRECIMIENTO

Ahora tenemos las bases que necesitamos para empezar a construir nuestros pilares. Sabes quiénes eran los estoicos, qué pensaban, y qué puedes hacer para dominar tu mente, tus miedos, tus emociones, y tu cuerpo. Tienes todas las herramientas para llevar una vida racional.

Ahora, vamos a construir los pilares, aquello que sostiene el edificio que es tu vida y te permitirá escalar y elevarte a tu mejor vida, tu mayor potencial.

Vamos a pensar un poco en este primer pilar: la ignorancia de la acción externa y el enfoque en tu crecimiento. ¿Qué quiere decir ignorar la acción externa? Somos personas que vivimos en comunidad, que hacemos parte de varios círculos sociales de diversos tamaños, donde nuestras acciones repercuten en los demás y lo que hacen los otros nos afecta, directa o indirectamente, a nosotros. ¿Debemos ignorar a todos y preocuparnos únicamente por nosotros?

En absoluto. El ser humano es un ser social y una vida ética solo es posible cuando tienes en cuenta cómo te relacionas con los demás y como cada acción que tomes va a afectar a aquellos a tu alrededor. Eres parte de una sociedad y debes actuar en pro de ella, porque de lo contrario también tú saldrás perdiendo.

Lo que hay que ignorar, entonces, no es los demás. Lo que hay que ignorar es las acciones de los demás. Me explico. Piensa en las últimas elecciones en las que no ganó tu candidato. Es posible que te hayas enojado o decepcionado, que hayas pensado que los que votaron por el candidato contrario están equivocados. Pero, al día siguiente, te tocó levantarte a trabajar o a estudiar. Tu vida sigue, independiente de que tal o cual haya hecho x o y cosa.

En ese sentido, si alguien hace o dice algo que te molesta y tú te centras en quejarte o buscar cambiar forzosamente al otro, estarás perdiendo tu tiempo y tu energía. Las acciones de los demás se salen por completo de tu control y por eso no debes gastar tus esfuerzos dándoles importancia, dedicándoles tiempo o tratando de moldear a los demás para que actúen de la manera que tú consideres correcto. En lugar de eso, tu enfoque debe estar en ti mismo, buscando la manera de ser cada día mejor que el anterior.

Esto no es asunto sencillo. Diariamente te tropezaras con dificultades, con retos, con motivos para ceder ante tus deseos y para actuar de manera impulsiva, y se requiere mucha valentía para actuar de manera recta, racional y ética. Cada acción, cada decisión, impacta a las personas a tu alrededor de maneras poco sospechadas, así que cada acción, cada decisión, debe ser consciente, deliberada, racional y ética.

Dada la dificultad de la tarea ante la que te encuentras, no puedes desperdiciar tu energía y tiempo pensando como corregir y guiar a los demás. Únicamente debes preocuparte por mejorar y guiarte a ti mismo.

Aunque esto de la impresión que el estoicismo es una práctica individualista, no hay nada más lejos de la verdad. El trabajo continúo sobre ti mismo te llevará naturalmente a tomar decisiones que beneficien a toda tu comunidad; después de todo, lo ético también es luchar por las causas correctas. Muchos estoicos eran muy activos en la vida política, llevándolos a destierros o incluso la muerte. Probablemente tu caso no sea tan extremo; pero debes ser valiente para enfrentarte a las consecuencias de ser virtuoso en un mundo caótico.

Pero ¿qué es el crecimiento personal? Si estás leyendo este libro, seguramente tienes una idea de que se trata. Aun así, considero importante que nos detengamos un poco en este punto. Después de todo, no podemos llegar a algún lado si no sabemos a dónde vamos.

El crecimiento personal refiere a una serie de actividades que tienen como objetivo conocernos, mejorar nuestras habilidades, potenciar y desarrollar nuestros talentos, aumentar nuestra calidad de vida y ayudarnos a cumplir nuestras metas, sueños y aspiraciones.

Así, el crecimiento personal cubre una gran variedad de actividades y de prácticas con múltiples enfoques. El estoicismo es una de estas prácticas, que se diferencia de los demás en que no busca darte las respuestas, sino herramientas de las que te puedes valer. Es un estilo de vida, no un manual de instrucciones, que busca que lleves una vida virtuosa.

La pregunta que surge ahora es, lógicamente, ¿cómo me mejoro continuamente? ¿Cómo actuar siempre de manera virtuosa?

Lo primero, y lo más importante, es desarrollar una actitud consciente. ¿Qué quiere decir esto? Todas tus acciones y todas tus decisiones deben ser racionales. No debes hacer nada porque sí, sin claridad de las consecuencias y los motivos detrás de lo que estás haciendo. Esto es un músculo que debes ir desarrollando con el tiempo, y los ejercicios que hemos propuesto en los apartados pasados te ayudarán mucho a lograrlo.

El crecimiento personal, que es a lo que apuntamos, no es un proceso que tiene un fin. Si lees las *Meditaciones* de Marco Aurelio notarás que incluso él, un gran emperador que lideró a un país en guerra mientras padecía las muertes de sus hijos, tuvo que reflexionar y trabajar constantemente para seguir el camino correcto.

La conciencia estoica implica tener siempre los ojos y los oídos abiertos a tus acciones y a lo que sucede a tu alrededor, teniendo siempre muy en cuenta donde está el límite de tu capacidad y cuál es tu rango de acción. Dentro de ese rango de acción, hay cosas virtuosas y cosas que no lo son. Lo virtuoso no siempre es lo más fácil, pero es siempre el camino que debes elegir.

Con el tiempo y con la práctica esta manera de vivir se te volverá natural, pero primero debes hacer un esfuerzo para vivirlo cada día. Es necesario cultivar cierto distanciamiento con lo que nos ocurre, cierta indiferencia que no signifique despreocupación, sino capacidad para tomar distancia y encarnar el papel del observador y no del protagonista.

En un mundo donde cada vez más las personas toman las situaciones y los comentarios como afrentas personales, esto resulta un verdadero acto revolucionario. Separarte de tus propias reacciones inmediatas para observarlas y decidir si realmente contribuyen a tu propio mejoramiento y en beneficio de la sociedad de la que haces parte.

Cuando desarrolles esta conciencia estoica, cada una de tus acciones y decisiones se vuelven parte de tu proceso de crecimiento personal. Como ves, es algo muy sencillo, pero al mismo tiempo complejo. Exige fuerza de voluntad y la capacidad de tomar la decisión correcta, incluso en los momentos más difíciles.

Para tener éxito en este camino, (entendiendo éxito como un progreso continúo y no como un fin específico), es necesario prepararte, en principio, y estar en constante reflexión, en segundo lugar. Una manera de asumirlo, es tomar tu vida como un proyecto, que está en constante transformación, y que, como cualquier proyecto, requiere trabajo.

La preparación implica varias cosas. Debes tener claro que quieres lograr, que hábitos, costumbres, actitudes y pensamientos quieres cultivar. Leer este libro es una gran parte de esta preparación, pues te damos algunas pautas y unos principios que otros han propuesto para construir la mejor vida que puedas. Pero, no es el trabajo completo.

Solo tú conoces tus circunstancias concretas, que no son las mismas mías, las de tu mejor amigo y mucho menos las de Séneca, Epicteto o Marco Aurelio. Estos grandes pensadores proponen ideas, pero tú eres quien debe interiorizarlas y ver cómo pueden aplicar a tu vida. Nadie puede decirte qué deberías lograr; este trabajo es tuyo. Puedes inspirarte en otros, tomar sus ideas, asumir sus principios, pero la decisión y la responsabilidad es tuya.

La otra parte de la preparación tiene que ver con la previsión del futuro. Antes de emprender un nuevo camino, debes pensar en cuáles son los retos, los impedimentos, los obstáculos con los que te encontrarás. De lo contrario, las posibilidades de cometer errores, de desviarte son mucho más altas. Para esto, el ejercicio de visualización negativa que exploramos en el capítulo 3 es una gran manera de lograr encausarte.

Cuando sabes qué puede salir mal, sabes qué debes hacer para prevenirlo. Pongamos un ejemplo sencillo: supón que sabes que quieres levantarte más temprano, pero sabes que, medio dormido, tiendes a aplazar la alarma, iniciando un ciclo de despertar y volver a dormir cada diez minutos. Para evitar esto, puedes poner la alarma lejos de tu cama, obligándote a levantarte para apagarla.

El mismo principio aplica para metas y propuestas más grandes. De hecho, grandes empresas comienzan a aplicar este principio. Así, un jefe alguna vez citó a reunión a su equipo de trabajo previo a un lanzamiento de un gran proyecto y les pregunta: "el lanzamiento fue un rotundo fracaso. ¿Qué salió mal?" Esto permite que el equipo impida los problemas antes de que sucedan.

Este pesimismo estoico no es nihilista y no busca que sientas que la vida no tiene sentido. Por el contrario, busca que siempre estés preparado, y te da la oportunidad de alegrarte cuando las cosas salen bien.

La preparación no es sino el primer paso. Lo más difícil es la acción. Una cosa es prevenir que puede salir mal, otra muy distinta es enfrentarte a los retos y responder a las situaciones imprevistas que nunca faltan. Para poder sortear estas dificultades, debes mantener un registro y una reflexión constante de tus metas y objetivos.

El registro de hábitos es un gran ejemplo de ello. También lo es la reflexión nocturna que te propusimos anteriormente. Con estos elementos puedes ver qué está funcionando, qué no, y tomar las decisiones pertinentes. Es importante que seas muy honesto contigo a la hora de estas reflexiones. Recuerda que es un camino, y tropezar o desviarte no es fracasar; es simplemente una curva.

Seguramente, caerás en cuenta que tal o cual objetivo no era realmente lo que buscabas, o que algunas decisiones te alejaron de los principios y valores que hemos planteado. Lo importante no es el desvío, sino reconocer lo que sucede y actuar de manera pertinente.

Ahora, seguramente te darás cuenta también que has logrado establecer ciertos hábitos o que has logrado alcanzar ciertas metas. En ese momento no se vuelven tu enfoque ni tendrás que dedicar tus energías a ellas. Se vuelven eslabones que te permiten progresar y alcanzar tus siguientes objetivos. Pero, también ten en cuenta que no están talladas en piedra: tus circunstancias pueden cambiar y será necesario reestructurarte y modificar donde sea necesario.

Es muy importante que aceptes el cambio y la transformación. Recuerda que el estoico busca vivir una vida acorde a la naturaleza, y esto incluye aceptar las transformaciones y cambios naturales de la vida, así como la naturaleza se transforma y renueva constantemente. Cierta estabilidad está bien, pero en exceso se convierte en rigidez, y eso, en el largo plazo, no se sostiene.

Por eso mismo, tu proceso de preparación, acción, reflexión y reestructuración deben ser constantes y periódicos. El crecimiento personal es un camino que solo termina con tu muerte. Tu objetivo no es alcanzar un estado idílico donde todo está bien. Tu objetivo es construir la estructura y los principios que te permitirán enfrentarte a lo que sea que venga.

Cada vez que te propongas un objetivo o una meta, sea cual sea, piensa en lo siguiente:

1. ¿Contribuye a construir una vida virtuosa y mejorarme? O, por el contrario, ¿responde a otros motivos?
2. ¿Con qué retos me puedo encontrar? Es útil en este punto hacer una lista de las dificultades y tropiezos en una lluvia de ideas. No te restringas, y trata de incluir lo más pequeño y lo más grande.
3. ¿Qué puedo hacer para sortear estas dificultades? Para cada obstáculo, una solución. No tienen que ser complejas; a veces es tan sencillo como comunicar tus objetivos con otros.

4. ¿Cómo puedo rastrear el cumplimiento de mis metas? Piensa en la mejor manera de lograrlo, que sea lo suficientemente sencillo para hacer diario, y que te de la información que necesitas para medir el éxito de tus esfuerzos.

Luego, elige un rango de tiempo para reflexionar sobre tu progreso. Unas preguntas que podrías hacerte son las siguientes:

1. ¿Qué ha funcionado? ¿Qué acciones de tu preparación han resultado efectivas para ayudarte a lograr lo quieres?
2. ¿Qué no ha funcionado? ¿Qué cosas no te están dando los resultados que esperabas o qué impide tu progreso?
3. ¿Qué obstáculos han surgido? Es imposible predecirlo todo. Piensa en qué cosas han surgido qué resultan problemáticas.
4. ¿Qué debo cambiar o mejorar? A futuro, piensa en qué transformaciones son pertinentes para asegurar que sigas avanzando.

Es útil llevar este proceso de planeación y reflexión por escrito, ya sea digital o en papel. Esto ayuda a construir un historial y te obliga a sentarte y a pensar en lugar de simplemente hacer una rápida reflexión mental. También contribuye a que no se te olvide tus metas y las acciones y sistemas que has dispuesto para alcanzarla. No tienes que memorizar tus objetivos: están ahí escritos, esperándote

Así, si en algún momento te desvías, puedes simplemente volver a tu registro, ver dónde habías quedado, en dónde estás ahora y volver a iniciar sin problemas. No empiezas nunca de cero, y tus antiguos aprendizajes estarán ahí, listos para tu revisión.

¿Cómo te sientes? Es posible que todo parezca en este momento un poco complejo. Pero tranquilo. Este es un proceso de aprendizaje, y verás que, a medida que embarcas en este camino, irás aprendiendo y refinando tu sistema, hasta construir uno que funcione para tus objetivos y tus necesidades.

Lo importante es empezar, dar ese primer paso. Empieza por uno o dos aspectos a mejorar, aquellos que consideres los más importantes. Si coges demasiadas cosas, es muy posible que se te salgan de las manos y te puedes desanimar. Empieza pequeño, y comienza a hacer una pequeña bola de nieve que comience a crecer y crecer a medida que avances.

No esperes a fin de año, a fin de meses o a fin de semana. Te reto a que empieces hoy mismo, aunque no hayas terminado de leer este libro. Cometerás errores (sobre esto hablaremos más adelante), te desviarás y te sentirás perdido. Es normal. Lo que diferencia a los grandes estoicos de los demás es que todos los días, sin importar las dificultades, se esforzaban en dar lo mejor de sí, y ser cada vez, un poquito mejor.

6
PILAR #2: ELIMINACIÓN DE LO SUPERFLUO: ESTABLECE UN SISTEMA DE PRIORIDADES Y ACCIONES TRASCENDENTALES.

Ahora continuaremos con nuestro segundo pilar. Ya hemos planteado que tu enfoque debe ser centrarte en tu propio crecimiento y hemos explorado algunas maneras en que puedes hacer precisamente eso. Pero, esto no basta.

El siglo XXI se caracteriza por ser un tiempo supremamente agitado, donde nos vemos bombardeados por estímulos de manera constante. Esto genera una sobrecarga de información que nos deja congelados. Sabemos cómo podemos llegar a algún lado, pero eso no nos da realmente claridad alguna. Para lograrlo, es necesario eliminar aquello que estorba y establecer prioridades, alcanzable a través de acciones trascendentales.

"Muy bien," pensarás. "Ya sé cómo enfocarme en alcanzar mis objetivos. Pero ¿cuáles deberían ser mis objetivos?" Estamos en un mundo donde nos llegan estímulos por todos lados diciéndonos cuáles deberían ser nuestras prioridades, qué deberíamos lograr antes de llegar a tal edad, qué debes hacer para no arrepentirte cuando llegues a tus cincuentas, setentas, noventas, en fin. Qué hacer para ser feliz.

Vamos a alejarnos un poco del ruido y las voces. Para poder determinar tus objetivos y tus metas de manera que realmente te lleven a desarrollar tu mayor potencial y no te enredes persiguiendo sueños ajenos es necesario establecer prioridades.

¿Qué es una prioridad? Según el diccionario, lo prioritario refriere a aquello que va antes que otra cosa. De ahí que cuando tu priorizas algo, lo estás poniendo en primer lugar, le dotas de mayor importancia a las demás cosas. Así, es prioritario comprar comida a comprar el último teléfono que salió al mercado; lo primero garantiza que puedas vivir, lo segundo cierto estatus social y ciertas facilidades de las que puedes prescindir. La pregunta es, entonces, a qué le debes dar mayor importancia.

Las bases de esas prioridades ya las establecimos en el primer capítulo. Recuerda que el sistema estoico es tu marco de acción, el conjunto de principios contra el cual vas a medir todas tus acciones y tus proyecciones. Esto te ayudará, de entrada, a destacar ciertas supuestas claves para la felicidad (cómo la acumulación incesante de dinero, por ejemplo).

Ahora, ¿cómo podemos utilizar estas bases para establecer nuestras prioridades? Lo primero es reconocer que nuestras prioridades no pueden ser estáticas. Nuestras circunstancias, nuestros retos y nuestra situación en el mundo cambian constantemente: nada garantiza que lo que estás haciendo hoy será lo mismo que harás mañana, dentro de una semana, un mes o un año.

Por esto, no podemos tallar una serie de prioridades en piedra. El sistema estoico funciona porque nos proporciona un marco estable pero flexible que se adapta a virtualmente cualquier situación posible. Nuestras prioridades deben funcionar de manera similar. Aunque sean más concretas y necesiten un contexto para ser funcionales, debemos poder establecerlas en cualquier circunstancia y en cualquier situación a la que nos enfrentemos.

Para poder hacer esto, es necesario profundizar un poco más en la idea estoica de lo bueno, lo malo y lo indiferente. Habíamos establecido que lo bueno es, en esencia, todo aquello que es virtuoso. Lo malo, por consiguiente, es aquello que atenta contra la virtud.

Golpear a otro es malo porque es tratarlo de manera injusta. Rechazar el fanatismo religioso es bueno, porque reconoces en esa actitud un exceso.

Pero hay muchas cosas que no entran en ninguna de estas categorías. La fama, por ejemplo, no atenta contra la virtud, pero tampoco es propiamente virtuoso. Mientras, la enfermedad no atenta contra una vida razonable, pero tampoco hace parte de ella. Todos estos elementos son, para la filosofía estoica, indiferentes. Aquí encontramos cosas como la belleza, la fuerza, la enfermedad, la pobreza, la salud, etc.

Antes de que te asustes, sí. Para el hombre estoico estar sano o enfermo es indiferente. En ambos casos puedes —y debes— hacer tu mayor esfuerzo por seguir una vida racional y virtuosa. No obstante, el estoico sí diferencia entre indiferentes preferibles y no preferibles.

Los indiferentes preferibles son todos aquellos que, si bien no llevan a una vida estoica, sí la facilitan. Aquí encontramos cosas como la salud, la fuerza, la belleza, el dinero, la buena reputación, entre otras. Buscar tener estas cosas está bien siempre que no te obsesiones ni te vuelvas dependiente de ellas.

Los no preferibles por su parte son aquellos que complican la búsqueda de una vida racional, aunque no estén en oposición a ella: la enfermedad, la debilidad, la pobreza, la mala reputación son algunos ejemplos de estos indiferentes. Lo ideal es procurar evitarlos en la medida de nuestras posibilidades, aunque es importante que no te mortifiques en caso de encontrarte en algunas de estas situaciones.

Tener clara esta distinción es importante, porque te proporciona un filtro al través del cual pasar tus prioridades para determinar si realmente te llevan a donde tienes que llegar. Pongamos por ejemplo que una de tus prioridades en este momento es conseguir un acenso en tu trabajo. ¿Qué logras con esto? Por un lado, logras un aumento en tu salario. También puedes acceder a un cargo de liderazgo que te permita tener un mayor impacto en tu área.

El aumento salarial, aunque beneficioso, es un indiferente y, por ende, no es un candidato ideal para tus prioridades. Sí está bien que busques acceder a un mayor ingreso, pero no es esto lo más importante. Tener un mayor impacto en tu área puede alinearse con el valor estoico de la justicia y el área de estudio de la ética, pues puedes beneficiar de manera más grande tu comunidad. Esta segunda motivación, entonces, sí es una buena prioridad.

No obstante, la pregunta que debes hacerte es si puedes aumentar el beneficio hacia el otro, es decir, ejercer el valor de la justicia en esa área en particular, solo es posible consiguiendo un aumento. O si, por el contrario, puedes encontrar maneras de ejercer el valor de la justicia desde tu posición actual. Si eres honesto, lo más seguro es que te des cuenta de que puedes hacer algo desde tu posición actual, pues hay maneras de ser virtuoso en todas las circunstancias de nuestras vidas.

Como ves, tu prioridad no debería ser, entonces, conseguir el ascenso, sino optimizar tus acciones desde tu posición actual. Cuando lo miras así, verás que logras varias cosas. En primer lugar, te das más poder a ti mismo. Ya no tienes que esperar a que suceda algo que está fuera de tu control para poder progresar, sino que pones el énfasis en ti mismo, en tus acciones. En segundo lugar, este enfoque te lleva a notar naturalmente cuáles son el siguiente paso que debes dar. No te lleva a la meta, pero sí te lleva en la dirección correcta.

Con el tiempo, notarás que este enfoque no solo te permite apropiarte de tu vida, tener el dominio de ella en lugar de ser llevado por la corriente de voces y de fuerzas que tratan de llevarte en todas las direcciones al mismo tiempo, sino que es más probable que alcances tus objetivos secundarios. En el ejemplo que acabamos de poner, es más probable que te den el ascenso cuando, desde tu cargo actual, te superas y entregas más de lo esperado, que si simplemente tratas de complacer a tu jefe para convencerlo de subir tu posición en la empresa.

Ahora es tu turno. En este momento, aunque no lo hayas pensado con detenimiento antes, tienes ciertas prioridades en tu vida. Piensa a qué cosas das mayor importancia en este momento y haz una lista. Luego, de-constrúyelas: ¿son buenas, malas o indiferentes? ¿Estás esperando algo que este fuera de tu control para progresar? ¿Realmente son necesarias para construir la vida que quieres?

Procura ser lo más sincero posible contigo mismo. Este proceso te ayudará a identificar cuáles son realmente tus prioridades en este momento de tu vida y te permitirá determinar cuáles son las acciones que debes realizar para alcanzarlas.

Como ya habíamos mencionado, tu vida está en constante cambio. Las prioridades que acabas de establecer no van a ser las mismas que tendrás en año, o incluso un mes. Por eso es importante establecer un sistema que te permita siempre estar refinando y puliendo tus prioridades según tu contexto actual.

Para esto, vamos a adaptar un ejercicio que exploramos en el capítulo anterior. Habíamos visto que la revisión constante es importante a la hora de monitorear y medir tu progreso hacia tus objetivos. Algo similar es necesario hacer con tus prioridades. Puedes hacer esto cada vez que sientes que te estancas, o elegir un periodo de tiempo específico entre cada revisión. Si optas por la segunda opción, recomiendo hacerlo mensual; te da suficiente tiempo para enfocarte en tus prioridades, pero no te da suficiente tiempo para dispersarte demasiado.

El proceso de revisión de tus prioridades puede verse así:

1. Retoma tus prioridades anteriores (es decir, aquellas que estableciste en el primer ejercicio de este capítulo, o las que estableciste en tu última sesión de revisión). Pregúntate si todavía aplican para tu vida o si son obsoletas.
2. Si son obsoletas, identifica porqué. ¿Has progresado en estas áreas? ¿Hay otros puntos en los que quisieras profundizar? ¿Ha habido algún cambio drástico en tu vida?
3. ¿Cuáles son tus prioridades ahora? Has el proceso de deconstrucción que hemos expuesto para cada una de estas nuevas prioridades.

Hacer este procedimiento de manera constante permitirá que nunca te estanques en tu proceso de crecimiento personal, y que siempre estés atento a las áreas donde puedes mejorar. Esta conciencia y este esfuerzo es el rasgo distintivo con respecto a los demás; ellos van a la deriva, tú tomas tu vida por las riendas.

De esta manera, hemos construido un sistema de prioridades que te permitirá saber cuál debe ser tu enfoque en cada momento de tu vida, sin importar cuántos cambios o situaciones inesperadas puedan ir surgiendo con el paso del tiempo. Estás un paso más cerca de eliminar un poco esa *basura*, esa sobrecarga de la que hablamos al principio del capítulo.

Pero, hasta el momento, únicamente hemos identificado nuestro sistema de prioridades. Seguramente, ya tienes en mente qué debes hacer para cumplir tus objetivos, pero ¿son estas acciones las ideales? Al igual que nuestras prioridades, es necesario observarlas de cerca

¿Qué es una acción trascendental? No te asustes. Vamos a tomarlo por partes. Como ya sabes, una acción es algo concreto que haces. ¿Qué vuelve a esa acción algo trascendental? Es posible que estés pensando en algo religioso, una experiencia mística, una vivencia fuera de este mundo, por decirlo de laguna manera.

Aunque no estés completamente equivocado, no es así realmente como funciona. Lo trascendental, según el diccionario, refiere a algo que se extiende hacia otras cosas. Es una palabra que, en efecto, se usa frecuentemente para describir ciertas experiencias que algunas personas identifican como divinas. El estoicismo, sin embargo, no creía en una experiencia de este estilo, sino todo lo contrario, y esta es la clave del trascendentalismo estoico.

Para entenderlo, vamos a volver por un momento a la máxima estoica: actuar conforme a la naturaleza. Esto no se debe a una idea romántica de la relación del hombre con la naturaleza, sino más bien a la idea de que hay una sabiduría en la naturaleza, y el hombre debe tratar de conectar y vivir de acuerdo con esta sabiduría-.

La trascendencia estoica es actuar de manera que nos lleve a conectar con el mundo. Esto incluye la naturaleza y los animales, pero también con las demás personas. Una acción trascendental es cualquiera que te acerque a este objetivo y te permita estar, cada vez más, conectado con aquello que te rodea, y comprender que cada una de las cosas que hacemos no solo nos afecta a nosotros, sino que se extiende mucho más allá.

Esta idea de la conexión con el otro no debe entenderse como un asunto místico o una experiencia propia de un culto religioso. Es, simplemente, reconocer en tu entorno una parte integral de tu propia vida: no puedes vivir aislado de la sociedad, ni puedes sobrevivir sin el mundo natural. La reciprocidad entre las distintas especies y elementos que forman el mundo implica necesariamente que estamos conectados.

Aunque parece que solo estemos diciendo lo obvio, esto se olvida con extraordinaria facilidad. ¿Alguna vez has botado una basura al piso? ¿O ignorado la señora que hace el aseo? ¿O rechazado a algún inmigrante? Este tipo de acciones, pequeñas y aparentemente inofensivas no hacen sino reforzar una visión de mundo que establece un *ellos* y un *nosotros*. Esta es, precisamente, la idea contra la cual queremos luchar.

Esta visión dualista del mundo esencialmente busca que tengas un enemigo. Esto permite que ciertas personas tengan el poder y da tranquilidad a las personas: hay algo contra lo cual luchar y alguien a quién echarle la culpa. Debes estar muy atento a estas situaciones y detenerte a pensar en realmente cuál es la vía que te lleva a vivir de manera más racional.

Vamos a concretizarlo un poco. Proponerte salir mañana a cambiar el mundo es plantearte un objetivo inalcanzable. Lo que sí puedes hacer es enfocarte en aquellas acciones y aquellos cambios que están en tu control y que, por pequeño que parezca, tiene un gran impacto. Ya vimos en el capítulo anterior que enfocarte en tu crecimiento es precisamente lo que permite que mejores tus relaciones con los demás y con tu entrono.

El paso que sigue entonces es retomar tus prioridades. Ya tienes claro a qué le das mayor importancia. Lo que sigue es, a partir de esas prioridades es establecer metas claras. Lo ideal es que estas metas sean logros alcanzables pero retadores cuyo progreso puedas medir y monitorear de manera eficiente, y que reflejen tus prioridades. Puedes plantearlas a largo plazo (de uno o más años), a mediano plazo (de varios meses) o corto plazo (un mes o menos). Lo importante es que puedas hacerles seguimiento.

Una vez tienes tus metas, debes tener claro qué es necesario hacer, qué acciones o hábitos necesitas para alcanzar tus metas. Aquí es donde la idea de acciones trascendentales es importante. Quiero que reflexiones sobre estos pequeños pasos y determines si realmente contribuyen a una vida que, lejos de aislarte del mundo, te acerca a él. Esto no necesariamente implica que debe afectar o implicar a otros de manera directa.

Pongamos, por ejemplo, que uno de tus pasos es levantarte más temprano para trabajar en tu proyecto. Según tu horario y tus responsabilidades esto puede tener, a grandes rasgos, dos grandes consecuencias. Puedes dormir menos, lo que implica mayores niveles de estrés, menor capacidad de reacción, menores habilidades de aprendizaje, entre otros. Esto puede hacerte una persona menos activa y presente, lo cual contribuye a tu aislamiento.

Pero, en otras circunstancias, puede aumentar tus niveles de productividad, mejorar tu humor, darte más tiempo libre, entre otras, lo que puede abrirte las puertas para lograr más cosas. En este caso, esa hora extra que tomas por las mañanas es clave para progresar en tu propio camino.

Como puedes ver, no hay una clave o una guía que te diga que tal o cual acción es correcta o incorrecta. Para determinarlo debes reflexionar y ser sincero contigo mismo. Es muy probable que te equivoques y tus acciones te lleven por un camino que no esperabas. No pasa nada. Cuando este tipo de cosas suceden, visitas tus registros y puedes identificar que pudo ser el desvío, y si ese cambio es positivo o negativo y elegir un camino de acción futuro a partir de ese análisis.

Lo importante no es tener las respuestas claras, ni convertirte mañana en el Epicteto del siglo XXI. Se trata de estar siempre atentos, siempre curiosos y dispuestos a aprender y a implementar los cambios necesarios.

Vas a ver que es más sencillo de lo que parece. Siempre que tengas en cuenta los principios y las bases que hemos establecido a principios de este libro, y tengas la voluntad de hacer el esfuerzo necesario, verás que el camino, con todas sus curvas y progresos, se mostrará por sí solo.

7

PILAR #3: PERCEPCIÓN DE LA REALIDAD: RECUERDA QUE ERES Y EXPERIMENTAS LO QUE PIENSAS.

En nuestro primer y segundo pillar exploramos un poco algunas estrategias que puedes usar para plantear y conseguir tus objetivos de manera que realmente contribuyan a tu desarrollo personal y, por extensión, tengan un efecto positivo en la sociedad.

El tercer pilar es un poco diferente porque no es tan práctico. Se trata de algo un poco más abstracto, pero de suma importancia, cuyo impacto la mayoría de las personas subvalora: el poder del pensamiento y la palabra.

Un antiguo estoico decía que cuando dices elefante, esto pasa por tu boca. Los estoicos consideraban que el lenguaje, las palabras, eran algo material, así como tu escritorio, tu cama o ese árbol que ves afuera de tu ventana. Suena extraño, pero es una perspectiva que le dota a la palabra de un poder inmenso y de una capacidad para transformar el mundo que muchos omiten.

No estamos afirmando que cuando dices "elefante", uno animal africano saldrá de tu boca al piso de tu sala para convertirse en tu nueva mascota. No somos magos, ni podemos hacer aparecer cosas de la nada. Pero, sí hemos traído un elefante, aunque en otro sentido. Al pronunciar la palabra, hemos creado la imagen de un elefante en tu cabeza donde antes no estaba; de alguna manera, lo hemos hecho aparecer en tu mente.

"Pero" objetarás, "no es un elefante *real*. Es uno imaginario." Hasta cierto punto, tienes razón. Efectivamente, no ha aparecido un elefante de carne y hueso en nuestra casa. Pero hemos traído la *idea* de un elefante, y, a no ser que consideres que las ideas no existen, el elefante es tan real como el dispositivo con el que estás leyendo este libro.

Si aún no estás convencido, te entiendo. Nuestro sistema educativo nos ha enseñado a pensar que únicamente las cosas que podemos tocar, oler, ver y medir con instrumentos y números son reales. Pero ¿qué tan cierto es esto? ¿Únicamente es real lo tangible?

Yo (y muchos otros) pensamos que no. Piensa por un momento en las películas, series o libros que has visto o leído. ¿Alguna vez has llorado, te has asustado o te has emocionado al ver un personaje morir, o al ver el bando bueno al borde de la derrota? Me atrevo a suponer que sí. Es algo que nos ha sucedido a todos.

Ahora, podemos estar de acuerdo que la película o el libro son ficcionales. Al final del día, los personajes son actores que reciben su pago y van a dormir, cómodamente en su casa, aunque durante el día hayan estado luchando contra un dragón. Sabemos que ese personaje que acaba de morir no era una persona real, no sufre y, siempre que queramos, volverá a vivir cada vez que encendemos el televisor.

Entonces, ¿por qué nos emocionamos tanto al ver sus historias? ¿Por qué volvemos una y otra vez a las salas de cine a ver el último estreno? No tiene, después de todo, sentido involucrarse tanto en algo que es evidentemente falso. No obstante, hay algo de real en estas producciones, algo que nos toca y que hace que valgan la pena. Así, cuando el protagonista alcanza la victoria, celebramos con él porque, en ese momento, su éxito es tan real como lo es nuestra propia existencia.

Las palabras y los pensamientos, en ese sentido, son materiales, son reales. Nos afectan de la misma manera que nos afecta la lluvia o el viento, y tienen el poder de llevarnos hacia la risa o hacia las lágrimas. No importa tanto si aquello que las palabras dicen sean verdad o no, en el sentido que expresen algo que existe en el mundo independientemente a ellas. Importa la credibilidad y nuestro grado de implicación con ellas.

No puedes cambiar la realidad con lo que dices, pero puedes cambiar como te relacionas con ella. Es decir, las cosas, lo tangible va a seguir igual. Pero, cambia la manera que la percibes y eso hace toda la diferencia del mundo. Si reaccionas con enojo ante algo que te dice tu jefe, vas a obtener una respuesta radicalmente distinta a si le hablas con calma y pausadamente.

Es por esto por lo que la manera como hablas, de ti mismo y de los demás, y la forma como piensas tienen un impacto gigante sobre ti y sobre tu progreso en el mundo. Las palabras pueden ser la diferencia entre superarte, o verte inmerso en un ciclo de fracasos sin salida alguna. Es la diferencia entre tú, y la persona a tu lado que solo habla de lo malo que hay en el mundo.

¿Cómo aplica esto en tu vida? Todos tenemos una voz interior, una manera de hablarnos a nosotros mismos. Asimismo, tenemos una manera de hablar de lo que somos y lo que queremos a la gente en nuestro alrededor.

Vamos a empezar por la voz externa. Cuando hablas de ti mismo y de tus proyecciones, ¿cómo lo haces? ¿Hablas con confianza? ¿Le restas valor a tus logros? ¿Das excusas para no hacer lo que debieras hacer para alcanzar tus objetivos? ¿Tiendes a fingir una confianza que no tienes? ¿Restas valor a los cumplidos que te hacen?

Ahora, piensa en tu voz interna. ¿Cómo te tratas a ti mismo? ¿Qué te dices cuándo te topas con el fracaso? ¿Te insultas? ¿Te justificas? ¿Te comparas con los demás? ¿Crees que puedes avanzar, o, por el contrario, que nunca alcanzarás tus aspiraciones?

Debes ser completamente sincero contigo mismo. Tenemos que comprender cómo te tratas a ti mismo, cómo hablas de ti mismo. Sea cual sea tu respuesta, no te sientas ni muy orgulloso, ni muy mal. Habitualmente, esta manera de pensar y de hablar es inconsciente, cosas que decimos sin realmente considerar sus implicaciones y sus consecuencias. Y esto tiene efectos negativos, sea tu pensamiento positivo o negativo.

Me atrevo a pensar que lo más seguro es que tus pensamientos sean en su mayoría negativos. Estamos en una sociedad donde enfermedades mentales como la ansiedad y la depresión son cada vez más frecuentes y un sistema que parece decir que hay que producir siempre más: lo que haces nunca es suficiente.

Tener pensamientos negativos sobre ti mismo es normal, y no debes sentirte mal por eso. Pero sí debes reconocerlos. Escríbelos si es necesarios. Pero hazlos conscientes, pues solo así podemos tener control sobre nuestra manera de tratarnos.

Sí, por el contrario, has logrado hacer un excelente trabajo de autoestima y tus mensajes hacia ti mismo son, al menos en su mayoría positivos, te felicito. Has logrado algo que muy pocos pueden. Pero, debes tener cuidado, pues te enfrentas a un riesgo más complejo porque es el proceso contrario al que todos los gurús de superación personal suelen decir. Estos pensamientos positivos no ayudan si son irreales o si son inconscientes.

¿Qué hacer ahora que somos conscientes de nuestros pensamientos? Es necesario reformular la manera como nos tratamos a nosotros mismos. La pregunta viene siendo cómo.

Una estrategia bastante común es la de las afirmaciones o los mantras. Se trata de ciertas frases cortas que te repites, de manera oral o escrita, durante cierto tiempo hasta que comienza a hacerse realidad. Aunque ha demostrado ciertos beneficios, un estoico no la recomendaría y vamos a explorar porqué.

Repetir una y otra vez durante un mes "puedo alcanzar todo lo que me proponga" te lleve a sentirte más seguro de ti mismo dentro de un mes. Puede que sientas que tienes el mundo en tus manos. Pero, también puedes terminar sintiéndote mucho peor, como han demostrado algunos estudios psicológicos.

El asunto es que, la idea que sostiene la efectividad de las emociones es irreal: repetir algo, (como elefante), no hará que mágicamente aparezca. Es una ilusión que no te da un resultado real. Lo que si puede lograr es que te enfoques en algo, y por eso algunas personas sí encuentran útil recitar estas frases. Después de todo, decir todos los días "soy una persona que ama y cuida su cuerpo" tiene un recordatorio diario para hacerlo. Pero, si has hecho los ejercicios de este libro, verás que el problema del enfoque lo tienes resuelto de una manera mucho más efectiva.

El estoico no utiliza afirmaciones precisamente porque busca repetir una mentira las veces suficientes para que se vuelva real. Esto atenta directamente contra la sabiduría estoica. Es una herramienta que solo rasca lo superficial, lo pinta de un color lindo, pero el problema sigue ahí y eso es, cuando menos, deshonesto.

¿Qué podemos hacer entonces? Lo primordial es ser radicalmente honestos. Esto no es sencillo, pero con el tiempo y el ejercicio desarrollarás la habilidad para hacerlo. Pero, para empezar, es necesario que te aproximes a ti mismo (tu valor, tus proyectos, tus defectos) como si fueras alguien más, alguien externo. Esto te ayudará a ver las cosas en perspectiva, y te permitirá ver ciertas cosas que de no verías de otra forma.

Vuelve a alguno de tus pensamientos inconscientes. Podría ser, por ejemplo, "si no soy bueno en todo lo que hago, nadie me querrá". Este tipo de pensamientos se caracterizan porque los sientes como reales y seguramente encuentras motivos que confirman tus ideas: de pronto hubo alguien decepcionado cuando te fue mal en algún proyecto o trabajo, de pronto perdiste algún cargo o prestigio por algún error.

Por esta cercanía, te recomiendo que cambies drásticamente el enfoque. Imagina a una persona x, sin nombre, que piensa eso mismo. Ahora, comienza a de-construirlo. Esto proceso va a ser diferente en cada caso, y al ser algo tan variable en cada caso, es un camino muy personal. Pero, para que tengan una idea de cómo puede verse, vamos a de-construir juntos el ejemplo anterior.

Lo primero, es hacernos preguntas sobre estas ideas, cuestionarlas desde todos los ángulos como lo harías con una tesis que no apoyas o sobre la cual no estás seguro. Si nuestro pensamiento es "si no soy bueno en todo lo que hago, nadie me querrá", ¿qué podemos objetarle? Hagamos una lluvia de ideas:

- Ser bueno en absolutamente todo, ¿es una expectativa

realista?
- "todo lo que hago" ¿refiere a qué, exactamente? ¿Lo académico, lo laboral, proyectos personales, el mantenimiento de la casa, habilidades culinarias...?
- ¿Qué es ser bueno o malo? ¿Alcanzar cierta marca o nota, recibir reconocimiento, la cantidad de ingresos?
- ¿Ha habido una situación donde alguien deja de querer a esa persona sin cara por no ser "bueno" en algo?
- ¿Es positivo buscar un cariño cuya base está en nuestra capacidad de hacer algo específico?
- ¿Qué beneficios realmente trae ser bueno?
- Suponiendo que se es malo en determinada cosa, ¿cuáles serían las consecuencias? ¿Realmente son tan malas?
- ¿Quién determina qué es ser bueno en algo? ¿Hay algún criterio definido y objetivo?
- ¿Ser bueno en algo ayuda a determinar el valor de una persona?
- ¿Quieres ser bueno en absolutamente todo lo que hagas? ¿Por qué?
- ¿"Ser bueno" es un objetivo un provechoso? ¿Debería ser esta realmente tu prioridad?

Como verás, hay muchas maneras de cuestionar esta única idea. Hacer una lluvia de ideas es una excelente estrategia, porque te permite ir anotando todo lo que se te ocurre a medida que va surgiendo. No te límites y no te preocupes por cuál sería la respuesta. En este punto del proceso lo importante es simplemente encontrar todas las maneras posibles de poner en tela de juicio cada una de tus ideas.

Es importante hacer esto con ideas inconscientes positivas. Aunque nos hagan sentirnos bien, algunas veces los pensamientos positivos son escudos que usamos para no enfrentarnos a otras cuestiones que es necesario tener en cuenta. Por ejemplo, detrás de "soy una persona independiente y autosuficiente que puede valerse por sí mismo" puede esconderse miedo al compromiso y a vulnerabilidad que implica reconocer que se necesita ayuda, y esto es una forma de cobardía que queremos evitar.

Una vez tengas tu lista de preguntas y cuestionamientos, lo que sigue es responderlas. De nuevo, trata de ser lo más sincero posible. Puede que en tus ideas haya algo de cierto que es necesario reconocer. También puede ser una idea falsa que, de alguna manera u otra, has construido para enfrentarte al mundo.

El propósito de este ejercicio no es tener una tener una imagen más positiva de nosotros mismos, sino cada vez más real. Es un ejercicio demorado que no lograrás hacer en una tarde. Con el tiempo verás que es más fácil y hasta puede que comiences a hacerlo naturalmente. Notarás cuando surgen este tipo de pensamientos y podrás hacerles un análisis más corto y menos profundo, pero que te permite ponerlo en perspectiva y no dejarte llevar por él.

Hasta el momento, hemos mirado los pensamientos que ya tenemos y los hemos de-construidos para tener una narrativa más real sobre nosotros mismos. Hay, sin embargo, una segunda parte que debemos revisar: usar el poder de la palabra a nuestro favor hacia el futuro.

Recordemos que la palabra tiene el poder de afectarnos. Esto no aplica únicamente para alegrarnos o entristecernos, sino que también puede afectar la manera como nos aproximamos a nuestros objetivos.

Enfrentar un nuevo proyecto pensando que es sumamente complejo y no tenemos las habilidades para hacerlo es muy distinto a empezar pensando que, si hacemos las cosas bien, podremos llegar a dónde nos proponemos. El primer enfoque nos hace sentir desfallecidos antes de empezar. El segundo evitará que nos sintamos abrumados y nos ayudará a enfocarnos.

Para aprovechar la capacidad que tienen tus palabras, debes aproximarte a cada meta de manera consciente y deliberada. Tienes un objetivo y, si has seguido este libro, tienes una estrategia para alcanzarlo. Pero, la manera como te aproximas a él puede ser la diferencia entre el éxito y el fracaso. No basta con tener un camino trazado en el papel (o en la pantalla de tu computador o celular). También necesitas la actitud, la mentalidad necesaria para seguirlo, incluso cuando las cosas se tornen difíciles.

Así como hay retos y dificultades externas que puedan afectar nuestro progreso, también hay obstáculos internos que es necesario prever y saber cómo vamos a enfrentar. De lo contario, nuestra mente se volverá en nuestro mayor enemigo nos alejará de nuestro objetivo, en lugar de acercarnos. Y es aquí donde la palabra es nuestro mejor aliado.

Establecer tus prioridades, establece tus metas y los hábitos necesarios para llegar a ellas es un gran inicio, pero necesitas un plan si quieres lograrlo. Hasta el momento, lo más seguro es que tengas el bosquejo de un plan: ya has determinado como evitar obstáculos, como vas a hacer seguimiento de tus objetivos. Ahora es necesario concretarlo en un plan de acción, hacer el plan lo más claro y explícito que puedas.

Vamos a retomar lo que tenemos hasta el momento: prioridades, objetivos y sistemas para hacernos seguimientos. Para un plan efectivo, lo primero que necesitas es una fecha límite para la cual cumplir tus metas. Para esto debes ser muy realista: algunas metas las lograrás dentro de un mes, otros dentro de un año. Quieres darte suficiente tiempo para lograrlo, pero no demasiado para dispersarte. Piensa bien qué pasos debes dar, y qué debes hacer para cumplir cada paso y cuánto te demoras haciendo cada cosa.

Una vez tienes claro esto, es mucho más sencillo diseñar un plan de acción que te permita saber cada día cuál es el paso a seguir para avanzar hacia lo que quieres lograr. Y es en este punto donde la manera cómo te aproximes a tu plan pueden marcar la diferencia entre el éxito y el fracaso. ¿Cómo te sientes respecto a tu plan? Si te aproximas pensando que vas a tener que sacrificar mucho, que se ve muy complejo, empiezas ya predisponiéndote a desviarte. Si, por el contrario, piensas y afirmas que es un plan plausible y que hacerlo te llevará hacia una vida de la que estás orgulloso, que sabes que, sin importar tus circunstancias, tienes la seguridad de hacer lo que puedes y debes, tienes una base firme para impulsarte cuando te desmotives.

Esto último es importante. Puedes empezar muy animado, pero en algún punto en el camino lo más seguro es que te sentirás desmotivado. Es en este momento donde debes recordar tus prioridades y volver a esa base que dejaste plantada, de manera que, incluso en los días donde menos ánimo tengas, puedas seguir adelante.

La magia de la manera como percibes tus acciones es que dejas de depender de tu motivación, y comienzas a depender de tus principios. Ya no se trata de un futuro distante donde habrás alcanzado algo, se trata de lo que puedes hacer hoy. Y como siempre estás reflexionando sobre tus principios, siempre serán lo suficientemente fuertes para ayudarte en cualquier circunstancia.

Con un plan claro y establecido, ya tienes todo lo que necesitas para enfrentarte a los retos interiores que van a surgir: la desmotivación, la duda, la falta de ánimo. Ya tienes las respuestas a estos cuestionamientos ya las tienes claras.

SI quieres ir un paso más allá, puedes llevar un registro de las dudas que vayan surgiendo a lo largo de tu camino. Si les das mucho crédito es conveniente incluso hacer el mismo procedimiento de deconstrucción que hicimos con el pensamiento inconsciente. Esto te ayudará a restarles importancia de una manera lógica y te permitirá avanzar con menos inconvenientes.

Vamos a concretizar esto un poco, para que quede un poco más claro. Supón que tu prioridad es dedicar tiempo de calidad con tu familia y amigos. Para ello, necesitas organizarte de manera que tus ocupaciones te tomen el menor tiempo posible para que tengas amplios momentos que dedicar a tus seres queridos. La manera de medir esto registrar cuánto tiempo semanal estás dedicando a aquellos que quieres en contraste con tus ocupaciones, para lo cual llevas un calendario donde registras a diario estos momentos.

Ya has determinado cuáles son tus principales obstáculos y dificultades: conflictos de horarios, distracciones que no te permiten hacer rendir tu tiempo, tiempo de transporte para llegar de un sitio a otro, etc. Y, has determinado cómo contrarrestar y disminuir estos retos.

Muy bien. ¿Cómo volvemos esto un plan? El primer paso es establecer una fecha límite. Como esta meta en particular no busca un resultado fijo, sino un estilo de vida recomendaría un mes para establecer bien los hábitos necesarios. Si, por el contrario, fuera un objetivo con un resultado fijo se puede pensar otros tiempos.

Ahora, sigue partir la meta en pedazos cada vez más pequeños. Para tener más tiempo libre para estar con las personas a mi alrededor, necesito limitar mi tiempo de trabajo. Para esto, necesito organizar mi tiempo de manera eficiente. Esto se puede lograr estableciendo horarios de trabajo. Para que estos horarios sean efectivos, necesito entender cuánto tiempo requiero para responder adecuadamente a mis responsabilidades, así como cuánto tiempo tengo disponible cada día para trabajar.

Cómo ves, vamos estableciendo acciones cada vez más concretas hasta lograr trazar un camino que pasa de lo diario hasta los tres meses. En este ejemplo, puede ser algo por el estilo de establecer un horario diario, que determinas semanalmente y vas adecuando según las distintas circunstancias. La elaboración de este horario implica también establecer espacios de encuentro con quienes quieres compartir.

A medida que vas avanzando, verás que es necesario modificar tu plan según veas que es o no es eficiente. Esto es parte normal del proceso y va a suceder cada vez que tengas un plan. ¿Por qué hacerlo en primer lugar? Si no tuvieras el plan, no sabrías exactamente donde está la dificultad y por ende no sabrías que cambiar.

Hacer un plan, dejar por escrito aquello que te propones hacer, no es gravarlo en piedra: es otorgarle una existencia ajena a ti a la que puedas volver y adaptar a tus necesidades. Al ser algo externo, se vuelve algo que puedes analizar, criticar y mejorar cuando sea necesario.

Este proceso de establecer un plan de acción es predisponerte al éxito, pues te aproximas a tus metas pensando de entrada todo lo que harás para alcanzarla y cómo harás para sortear las dificultades. Es usar el poder de la palabra para enfocarte y poner todo en una perspectiva que es a la vez realista como provechosa.

8

PILAR #4: LA DICOTOMÍA DEL CONTROL: TEN EN CUENTA QUE NO PUEDES CONTROLAR LO AJENO A TI.

El cuarto pilar ya lo conoces, pero ahora vamos a profundizar en él. Es quizá uno de los más importantes, pues te permite mantenerte centrado, evitará frustraciones y te ayudará a mantener la calma incluso en los momentos más caóticos. Se trata de la dicotomía del control.

Hemos mencionado varias veces a lo largo de este libro que debes tener claro siempre qué puedes y qué no puedes controlar. Todo aquello que esta fuera de tu control no debiera afectarte, ni para bien ni para mal, pues es algo que sale de tus manos y, por ende, está fuera de tu responsabilidad. En cambio, deberías dedicar todos tus esfuerzos hacia aquello que sí puedes controlar y sólo eso debe ser centro de tus acciones y preocupaciones.

Sin embargo, ¿qué está realmente dentro de nuestro control? Epicteto, el filósofo que más hablo de esta distinción da una respuesta sencilla: tus acciones, reacciones y pensamientos están dentro de tu control, todo lo demás no. Aunque es una excelente base, no siempre es tan sencillo establecer esta distinción y es necesario tener cuidado. No queremos caer en el extremo de restar responsabilidad a nuestras acciones bajo el pretexto de que algo se sale de tu control.

Si alguien sabe hasta qué punto uno puede quedarse sin el control de la mayor parte de tus esfuerzos. Su experiencia de esclavo le obligó a enfocarse lo más radicalmente posible en aquello que estaba a su alcance. Sin embargo, es necesario matizarlo.

Cómo la mayoría de tus acciones, es necesario que tengas la valentía de enfrentarte y reconocer con toda sinceridad hasta qué punto llega tu responsabilidad en las circunstancias de tu reacción, que habitualmente es más de la que estamos dispuestos a reconocer. Tendemos a siempre culpar a alguien más —sea persona, entidad o institución— de nuestras dificultades, en lugar de preguntarnos hasta donde llegan nuestras propias posibilidades.

Vamos a partir de la distinción que planteó Epítecto: controlamos nuestras acciones, reacciones y pensamientos. Evidentemente, solo podemos controlar aquello que directamente tiene que ver con nosotros: todo lo demás es externo, ajeno. Así, no debieras preocuparte por lo que piensen o dicen los demás, por si tu jefe te da ese reconocimiento que quieres o no, o sí tu pareja hace o deja de hacer algo. No puedes hacer nada sobre las acciones de los demás y por tanto, debes procurar ser indiferente ante ellos.

Sin embargo, hay cierta ambigüedad en esta distinción que parece tan clara. Pongamos por ejemplo que se queme la comida, y supongamos que tú no eras quien estaba cocinando. En principio, si tú no eras el encargado de la preparación del plato y no puedes controlar que el que estaba cocinando esté atento o no, ¿realmente estás exento de toda culpabilidad?

La diferenciación que nos propone Epicteto nos indica, en principio, que sí. Pero, si miramos la situación un poco más a fondo, veremos que no es tan sencillo. Es posible que hayas pasado por la cocina por un vaso de agua, por ejemplo, y viste el sartén en la olla desatendido. O, quizá, alcanzaste a sentir un olor a quemado y no fuiste a apagar el fuego.

Al estar en una casa, el cuidado de ella se extiende hacia todos los habitantes. De esta manera, aunque haya una división de responsabilidades, es trabajo de todos procurar que todo marche bien. Aunque no sea propiamente tu culpa que la comida se haya quemado, no estás libre de toda responsabilidad: hubo algo que tú podías hacer al respecto.

La segunda mitad de la dicotomía refiere a todo lo que no controlamos: todo lo que es externo a nuestro rango de acción. Esto incluye las acciones y decisiones de los demás, así como eventos naturales: la lluvia o el calor, por ejemplo.

Es muy fácil ver cómo estas cosas no son situaciones que podemos determinar si suceden o no según nuestra voluntad. Sin embargo, no podemos caer en el error de creernos víctimas de las circunstancias. Está en nuestro control reaccionar ante estas situaciones. Así, si sabemos que en determinada época del año llueve mucho, podemos tomar las medidas necesarias para que nuestra casa no se inunde. Tanto la lluvia como la inundación están fuera de nuestro control, pero evitamos su efecto sobre nuestra vivienda.

Podemos, entonces, agregar un tercer elemento a nuestra dicotomía: lo que está en nuestro control, lo que no y lo que controlamos de manera parcial. Determinar el límite y el punto hasta donde se extiende nuestro control no siempre es sencillo, pero te permite descubrir cuánto puedes hacer.

Cada decisión que tomes, cada reacción que tengas debe pasar por este filtro, y debes ser muy honesto contigo mismo. Pregúntate siempre qué de determinada situación está en tu poder y qué no, qué puedes hacer para que la situación tenga el mejor desarrollo posible. Verás que, cuando dejas de enfocarte en qué dejan de hacer los otros y te comienzas a preguntar sobre qué puedes hacer tú te apropias más de tu vida y tomas las riendas de tu vida, en lugar de ser víctima de tus circunstancias.

La amplitud de esta manera de aproximarte a las diversas situaciones en las que te ves envuelto es mayor de la que te imaginas. Existe la suposición que el estoico es una persona indiferente ante los sucesos que aquejan su sociedad y no hay nada más lejos de la realidad. Grandes estoicos fueron grandes opositores de gobiernos que consideraban tiránicos y lograron grandes cambios sociales.

Lo que cambia es la manera de buscar estos cambios, el tipo de activismo. Muchos opositores se dedican a pedir que otro —el estado, el presidente, el ministro, el rector, el alcalde, el jefe, etc., actúe como ellos pretenden, o haga lo que ellos exigen que haga, librándose de toda responsabilidad social. *Yo no tengo que hacer nada para mejorar mis circunstancias. Lo tienen que hacer ellos.* Es una postura facilista que no solo le resta responsabilidad al opositor, también le resta capacidad de acción.

El activista estoico, por su parte, no exige que el otro solucione. Propone acciones concretas y se pregunta qué puede hacer él para solucionar determinada dificultad. Esto no significa que no exija a las autoridades competentes que tomen medidas necesarias, pero no relega toda la responsabilidad de la solución a un funcionario o, lo que es peor, a una institución abstracta.

Pongamos por ejemplo el problema de financiación del sistema educativo público. El opositor más común exige al Estado que aumente el presupuesto que dirige al sistema de manera que puedan recibir los fondos que consideran necesarios. Hasta que esto no se logre, el sistema seguirá fracasando.

El opositor estoico, por su parte, si bien puede exigir aumento de recursos, mira lo que, desde su posición, puede hacer para disminuir los problemas ocasionados por la falta de recursos. El profesor puede buscar pedagogías o estrategias didácticas que permitan transmitir toda la información usando menos recursos, materiales reutilizables o elementos que ya se encuentren disponibles. El rector puede analizar gastos y determinar donde es posible economizar y donde es prioritario invertir de manera que el dinero que se encuentra disponible sea usado de la manera más provechosa.

De esta manera, la oposición estoica es incluso más productiva que la más tradicional, pues exige al tiempo que comienza a solucionar los problemas de manera activa.

La dicotomía estoica, entonces, cumple dos funciones y es base en la vida estoica. Por un lado, busca que comprendamos que no tenemos un poder absoluto y que hay un límite a las cosas que podemos hacer. Este reconocimiento es necesario para mantenernos enfocados y para permitirnos enfrentar incluso las épocas más caóticas con calma y racionalidad. Nos impide tomar personal aquello que nada tiene que ver con nosotros y enfrentar nuestras dificultades con sensatez y sin dejarnos llevar por la emoción.

Es una dicotomía que busca que podamos desprendernos de los sucesos tumultuosos a nuestro alrededor y conservar un frente indiferente ante aquello que sucede sin que podamos hacer algo para evitar o promoverlo.

Por otro lado, la dicotomía del control permite que nos apropiemos de la amplitud de nuestras posibilidades y nuestras elecciones. Busca que rompamos con la tendencia que tenemos de victimizarnos y de culpar siempre a alguien o algo más de nuestras dificultades y nuestros problemas. Nos recuerda que somos, a fin de cuentas, responsables de nuestras vidas. Nos invita a ser activos, a ser conscientes y a buscar siempre actuar de la manera más provechosa para nosotros y para las personas con las que convivimos y dejar atrás la actitud pasiva que solemos tomar.

En últimas, nos permite retomar las riendas de nuestra propia existencia y nos exige valentía para actuar siempre de manera correcta, incluso cuando esto implica tomar el camino más largo y complejo.

A primera vista, parece dos tendencias contradictorias: nos tira hacia la indiferencia, pero al tiempo nos lleva a la acción. No obstante, lejos de ser contradictorio permite encontrar un equilibro que nos lleva últimamente a una vida más feliz.

Recordemos que uno de los valores estoicos es la templanza, la moderación. Esto es, buscar siempre el camino medio, el equilibrio entre ambos extremos. En este caso, uno de esos extremos es la indiferencia absoluta y el otro la acción absoluta. El camino medio, nos lleva por la vía más provechosa: actuar en todo momento en favor de lo que es correcto y virtuoso, manteniendo la compostura y nuestro bienestar en todo momento.

La dicotomía de la acción te permite ser activo en el mundo, pero no dejar que este te afecte y poder estar calmo cuando todos los demás se dejan llevar por el caos. Te recuerda tu propio poder e influencia, alejándote de una vida ermitaña, pero te recuerda que solo hay tanto que puedes hacer y no debes exigirte más.

Si vas a quedarte con una sola cosa de este libro, o de la filosofía estoica en general, quédate con esto. Es esta pequeña clave, lo suficientemente sencilla para recordar y lo suficientemente compleja para aplicar cualquier circunstancia lo que te da la pauta para vivir de la mejor manera posible.

Guiándote por la dicotomía del control llevarás una vida sin arrepentimientos, pues sabrás que siempre hiciste lo que estaba a tu alcance y te librarás de la angustia y el estrés que afecta a tantos hoy en día. Verás que puedes hacer mucho más de lo que crees, y que no debes hacer todo lo que la sociedad a veces te exige.

9
PILAR #5: RECONCILIACIÓN CON EL ERROR: DEBES ESTAR DISPUESTO A APRENDER CONTINUAMENTE.

Hemos llegado a nuestro último pilar. Hasta el momento, has logrado construir y establecer todo un sistema que te sirve de base y de guía para enfrentarte a todas las circunstancias posibles en tu vida, tanto positivas como negativas.

Ahora lo que sigue es que lo apliques en tu vida, haciendo todos los cambios que consideres pertinentes o necesarios para que el sistema funcione, siempre basándote en los principios y valores que hemos construido.

Sin embargo, nos falta establecer un último criterio que hará que este sistema sea sostenible y te funcione hoy y dentro de diez años: el error. Cuando leemos un libro como este, es muy común ver que los pasos hacia la construcción de una vida que quieres tener. Pero, cuando empiezas a aplicarlo, comenzaras a ver errores, fallas, huecos que no esperabas y que retrasarán tu proceso.

No siempre queda claro si estos inconvenientes son fallas tuyas, errores que has cometido sin saberlo. O si es culpa del sistema que has aplicado, si es incompleto o fallido desde el principio. Lo cierto es que poco importa quién cargue con la culpa; ningún sistema es perfecto y tú tampoco. Siempre habrá tropiezos, fallas, huecos que habrá que llenar.

Debes tener en cuenta que es imposible plantear una guía completa que te diga en cada momento qué debes hacer y cómo es ideal actuar. Tú vida es radicalmente distinta a la mía y a la de Séneca y el futuro es impredecible, de manera que es imposible darte la solución a todos tus problemas. Duda de cualquiera que te prometa solucionarte la vida; es una promesa vacía.

Lo que te ofrecemos es una guía, unas pautas y unos principios que puedes usar como base, Pero es tu responsabilidad determinar cómo mejor aplicarlas y cómo reaccionar cuando surjan circunstancias completas.

Es seguro que vas a cometer errores, que te vas a desviar, que vas a tomar decisiones equivocadas. Sería absurdo pretender otra cosa. Los estoicos sabían que llevar una vida ética no es fácil y exigen únicamente que cada día actúes de manera racional y consiente. Los grandes estoicos también se enfrentaron a sus propios tropiezos y también se vieron obligados a detenerse y preguntarse si han actuado bien.

Por esto es necesario que replanteemos como nos relacionamos con el error. Cuando te equivocas no has fracasado. Por el contrario, el error quiere decir que te has atrevido a tomar una decisión y esto es más de lo que muchos hacen. El fracaso ocurre cuando te rindes, cuando te dejas vencer por la dificultad que implica vivir de manera activa y consiente.

Por tanto, no debes temer el error. Por el contrario, abrázalo y acéptalo: te da mucho más que el éxito. Cuando logras hacer algo bien, si bien es algo positivo, no te entrega nada. El error, por el contrario, no es más que una oportunidad de aprendizaje de ti mismo y del mundo.

Cada vez que una estrategia falla, tienes la posibilidad de preguntarte qué pudo salir mal, dónde estuvo realmente la falla, por qué no sucedió lo que esperabas que sucediera. Es una oportunidad de crecimiento, de aprendizaje y de posibilidad de cambio. Lo que te hemos otorgado a lo largo de este libro son las bases y los principios que necesitas para poder enfrentar estos momentos y tener una base para hacer estos ajustes, un punto de partida.

Habíamos dicho ya que el crecimiento personal es un proceso constante. No hay una cantidad de años después de los cuales puedes decir que te has graduado de tu proceso de crecimiento, donde ya tienes claro que hacer siempre. Es un esfuerzo constante, diario y cambiante que no termina nunca. Debes estar siempre dispuesto a aprender, a cambiar y a reformular a medida que van pasando el tiempo.

Ahora, enfrentarte al error no siempre es fácil. Tenemos la tendencia a castigar siempre las equivocaciones y a premiar únicamente lo que concebimos como correcto, sin tachones o enmendaduras posibles. Muchos ya reconocen que buscar la perfección es imposible. No obstante, seguimos exigiéndonos ser intachables en lo que hacemos. Pero de-construir esta idea es necesario si quieres dar siempre lo mejor de ti y llegar a lo más alto.

Por ello, te proponemos una serie de preguntas que puedes hacerte cuando notes que te has desviado o que no obtienes los resultados que querías:

1. ¿Cuál era tu objetivo?
2. ¿Qué es, exactamente, lo que salió o está saliendo mal? En este punto no busques el error, sino la consecuencia, aquello que indica que hay uno en primer lugar.
3. ¿Cuál es el error? ¿Qué está ocasionando la dificultad o el desvío?
4. ¿Qué circunstancias o acciones han permitido o han ocasionado el error?
5. ¿Qué puedes hacer para sortear la dificultad o corregir lo que está mal?
6. ¿Cómo puedes hacer seguimiento de tus soluciones para ver si funciona o no?

Como ves, se trata de identificar el problema, identificar la solución y medir su eficacia. Es el mismo proceso que seguimos para plantear nuestras prioridades y metas, pero aplicado a las dificultades que van surgiendo en el camino. No siempre nuestras soluciones van a ser las indicadas y por eso es necesario hacerles seguimiento, ver si realmente hemos logrado superar la dificultad, si no logramos nada o si nos topamos con nuevos problemas.

Este proceso, hecho de manera constante, es lo que permite refinar y modificar poco a poco nuestro sistema, de manera que siempre estemos progresando y moviéndonos en la dirección que queremos a pesar de los desvíos que nos vemos obligados a hacer.

Ahora, también puede suceder que no identifiquemos un error y simplemente nos desviamos por completo, entrando en una época donde nos descuidamos. Es algo muy normal que le pasa a todo el mundo. No debemos castigarnos cuando esto ocurre.

Si has leído juiciosamente este libro, ya tienes unas bases firmes y estables que te permite retomar en cualquier momento y bajo cualquier circunstancia. Es posible incluso que has seguido aplicando algunos de estos principios, pues ya los tienes interiorizados. Lo importante es que, cuando caigas en cuenta que has dejado de lado la búsqueda de una vida racional y ética te hagas dos preguntas:

1. ¿Por qué me desvíe?
2. ¿Qué voy a hacer de aquí en adelante?

Esto te permite identificar qué ocasionó tu tropiezo y qué debes hacer para retomar un camino y un estilo de vida provechoso. Lo primero te ayudará a identificar cuáles son tus mayores dificultades y te permitirá evitarlo y hacer lo necesario para enfrentarte a una situación similar cuando vuelva surgir. Lo segundo te permite retomar el camino sin mayores dificultades y te permite plantearte un plan de acción.

Esta manera de aproximarte a estas circunstancias evitará que sientas que debes tener claro en todo momento cómo progresar y te abre las puertas. Cuando sientes que fracasas cierras tus posibilidades de crecimiento, cuando sientes que es un error que se puede corregir, tienes un mundo de posibilidades a tu disposición.

También puede suceder que una estrategia ha sido efectiva durante mucho tiempo, y en cierto momento deja de ser efectiva.

También es normal. A medida que pasan los meses y los años, tus circunstancias van cambiando. Al igual que un árbol va mudando sus frutos, flores y hojas a medida que transcurre el año, también tú debes adaptarte a los cambios que van sucediendo con el paso del tiempo.

Por eso la etapa de reflexión que hemos mencionado en capítulos anteriores es sumamente importante. Cuando una estrategia falla no quiere decir que sea, en sí misma, una mala vía de acción. Quiere decir que no responde de manera adecuada a las circunstancias actuales y por tanto debe ser cambiada y modificada. Cada estrategia, cada plan, cada técnica que adquieras de este libro debe ser personalizada para responder a tu situación particular y debe ser transformada de manera constante.

Cada trabajo, cada relación, cada momento específico de tu vida viene con sus propias exigencias y debes estar atento para descubrirlas. Verás que, de cierto modo, cada circunstancia te dirá cuáles son sus retos y cuáles son las herramientas que necesitas para enfrentarla. Es tu labor identificarlas, construirlas y aplicaras.

Esto, especialmente al principio, va a ser un proceso plagado por el error sencillamente porque no sabemos qué es lo ideal. Se trata de intentar varias cosas hasta encontrar aquello que funciona. Y, cuando deje de funcionar, el proceso se reinicia. A medida que pasa el tiempo y te conoces un poco mejor, verás que es más sencillo: puedes descartar algunas cosas que por experiencia sabes que no funcionan en tu caso y esto te reduce las opciones, de manera que es más fácil elegir.

Pero, debes tener cuidado. Es muy posible que lo que no te sirvió en un momento te sirva en otro. Si te cierras por completo puede que te estés negando a ti mismo la solución. Siempre ten presente que tú cambias tanto como el mundo a tu alrededor y eso no está mal.

La sociedad suele tachar de hipócritas o falsos aquellos que en un momento dicen una cosa y al año siguiente dicen lo contrario. Pero cuando te fijas más de cerca, aquellos que están constantemente cambiando son los que siempre se están cuestionando y explorando. Quiero que seas esa clase de persona, siempre con los ojos y los oídos abiertos, dispuesto a abandonar cualquier camino antes que defenderlo incluso cuando descubrimos que falla.

La distinción entre lo correcto y lo malo no es algo que determinemos hoy y defendamos a capa y espada el resto de nuestras vidas. También podemos equivocarnos en esta distinción y es necesario ser capaces de reconocerlo y acercarnos cada vez más hacia lo verdaderamente virtuoso.

Esto, como te podrás imaginar, exige que estés en constante movimiento y en constante aprendizaje. Y, si sigues este camino, lo más seguro es que te equivoques una y otra vez. El error entonces no indica retroceso o estancamiento. Por el contrario, el error indica que estás progresando, que no te estás quedando estático y pasivo ante un mundo siempre cambiante.

Ahora, aunque el error es algo positivo, no quiere decir que no debamos tomar una acción crítica frente a él. Debemos procurar evitar que el error llegue, aunque cuando sucede debemos tomarlo de manera positiva. Esta es una actitud que puede parecer contradictoria en principio, pero es lejos de serlo. Exploremos porqué.

Para evitar el error, debemos trata siempre de hacer lo mejor que podemos en cada circunstancia a la que nos enfrentamos usando todos los medios posibles. Es exigirnos siempre dar lo mejor que podemos en cada momento. Cuando caemos en el error, nuestra actitud debe ser la misma: dar lo mejor que podemos. Esto implica analizar el error y establecer un plan que nos permita solucionarlo al tiempo que nos ayude a evitar que se repita.

En ambos casos, buscamos siempre dar lo mejor de nosotros mismos. Esta debe ser la actitud que tengamos en todo momento. Si quieres alcanzar tu máximo potencial, no puedes conformarte con menos: debes procurar dar siempre todo lo que puedas para alcanzar tus mejores resultados.

Ahora, es necesario matizar un poco esta idea de "dar lo mejor". Debes tener en cuenta que cada día va a cambiar cuánto es lo que puedes dar, porque cada día tu estado, tu situación y tu capacidad va a ser diferente y eso debes tenerlo en cuenta.

Para explicarlo mejor. Piensa en tu día ideal, donde haces todo lo que quieres hacer y quedas completamente satisfecho. Este es un día 100. A cada día le puedes asignar un valor número diferente, un "peso" distinto que puedas darle con base a tu día ideal. Así, si un día viajas, por ejemplo, no puedes lograr tanto. Este puede ser un día 30. En cambio, si un día tienes menos distracciones o no tienes que movilizarte tanto y por eso puedes dedicar más tiempo a cumplir con lo que tienes que hacer, puede ser un día de 150.

La idea no es que comiences a medir todos tus días. Como el futuro no es predecible, lo que era un día 100 puede volverse un día 50 gracias a un evento inesperado. Lo que quiero mostrarte es que no puedes dar lo mismo cada día. La enfermedad es el más claro ejemplo de esto: es irreal esperar que una persona agripada tenga el mismo nivel de energía y de capacidad de acción que una persona sana.

¿Recuerdas la reflexión diaria que te propuse? Cuando la hagas, es importante tener en cuenta estas circunstancias. Pregúntate qué hiciste bien, qué mal y qué te faltó teniendo en cuenta el límite de tus posibilidades para ese día en particular. Ten en cuenta cuáles eran tus limitaciones y cuáles eran tus ventajas. Y pregúntate, con toda la sinceridad del caso, si diste lo mejor de ti en cada momento del día, independientemente si eso es menos o más que ayer.

Por último, debes cuidarte de las comparaciones. Aunque ha estado implícito a lo largo de este capítulo, es necesario que lo tengamos siempre en cuenta. Las redes sociales nos han permitido muchas cosas, pero también tienen sus riesgos y exacerban algo que hacemos en nuestra vida diaria.

Es muy fácil observar a personas que publican en sus redes todos sus logros y medir nuestro propio proceso en base a lo que vemos. Esto sucede incluso con personas que conocemos, comparando nuestro propio progreso con el que percibimos en ellos. Esto es un grave error.

Para empezar, no conocemos sus condiciones y que sucede cuando no están en público o qué no comparten en sus redes. No sabemos cuáles son sus dificultades, sus fracasos y sus ventajas. Compararnos con alguien más es compararnos con una idea, no con una persona real. La única manera en que esta comparación tiene sentido es si tuviéramos acceso a todas las circunstancias de su vida, internas y externas.

Esto, como ya te imaginarás es imposible. No obstante, tener un punto de comparación es necesario para ver y entender cómo hemos avanzado, o si lo hemos hecho en absoluto. De lo contrario, no habría manera de medir nuestro progreso. ¿Cómo lo hacemos?

La respuesta es sencilla: debes compararte con la única persona cuyas circunstancias conoces completamente: ti mismo. Mide tu éxito con base a quién eras ayer y no lo que alguien más es hoy. Esto no siempre es sencillo: nuestra memoria es imperfecta y no siempre somos capaces de reconocer cómo estábamos realmente en un momento determinado.

Todos los ejercicios que hemos hecho que implican que escribas y conserves un registro de tus metas, tus prioridades, tus hábitos, tus reflexiones diarias crean una base de datos que te da toda la información que necesitas para hacer esta comparación de manera objetiva. Ya no tienes que recordar cada detalle: lo tienes ahí, al alcance de tu mano.

Conviene echar una ojeada a estas notas cada tanto, pues te permite saber cuánto has avanzado, y cómo has ido cambiando. Puede darte la motivación que te hace falta, o puede aterrizarte cuando es necesario que recuerdes el camino que tienes que recorrer.

Como ves, el error puede ser un gran aliado en tu camino, siempre que sepas aproximarte a él y tratarlo como lo que es: un paso más en un camino que se extiende por el resto de tu vida. Nunca te faltará, y recordar cuales han sido tus tropiezos es necesario para comprender realmente cuánto has andado, y cuánto falta aún por recorrer.

10
ESTOICISMO: SÉ UN GUERRERO/GUERRERA Y DESARROLLA TU MÁXIMO POTENCIAL.

¡Felicitaciones! Si has llegado hasta este punto, estás armado con todas las herramientas que necesitas para alcanzar todas tus metas, construir la vida que deseas y alcanzar tu mayor potencial. El camino que sigue es largo, pero espero que este libro te haya dado las bases necesarias para poder adaptarte a cualquier reto al que te enfrentes.

Después de todo, el estoicismo busca ser una filosofía práctica que se adapta a toda época y a cualquier circunstancia. No tengas miedo de adaptar o modificar las diferentes estrategias y propuestas de este libro bajo el temor de no ser un "buen" estoico. Lo único que debes mantener son los principios que te propusimos en el primer capítulo, e incluso estos no deben ser estáticos: deben responder a circunstancias concretas y, de ser necesario, debemos actualizarlas.

Tener estos principios claros te permitirá identificar con mayor facilidad cuál es el camino indicado, la mejor decisión en cada momento, incluso cuando todo es más caótico. No es una vía sencilla, pero sin duda es sumamente gratificante y seguramente notarás cambios positivos y verás que lograrás más de lo que esperabas.

Vamos a resumir lo que hemos explorado juntos a modo de recordatorio y a modo de pequeña guía que puedes utilizar cuando quieras refrescar un poco lo que has aprendido en este recorrido.

El sistema estoico está formado por tres componentes que funcionan de manera holística y construyen una base que te sirve de punto de referencia ante cualquier situación. Estos componentes son:

- Las áreas de estudio
- La física
- La lógica
- La ética
- Las disciplinas
- Deseo
- Acción
- Aprobación
- Las virtudes cardinales
- La valentía
- La templanza
- La justicia
- La sabiduría

La virtud es el mayor bien para el estoicismo, y una vida virtuosa se alcanza siguiendo este sistema. Tener esto como base es lo que nos lleva a vivir acorde a la naturaleza, el objetivo de una vida estoica.

Si bien se trata de un sistema holístico, se pueden agrupar en tres bloques de acción que te permite enfocarte en el área que te haga falta:

- La disciplina del deseo, alcanzada a través del conocimiento de la física y las virtudes de la valentía y la templanza
- La disciplina de la acción, alcanzada a través del conocimiento de la ética y la virtud de la justicia
- La disciplina de la aprobación, alcanzada a través del conocimiento de la lógica y la virtud de la sabiduría.

Este sistema fue tan efectivo que, desde su surgimiento durante el helenismo griego, no se ha perdido como sucedió con otras filosofías.

Llegó a ser la escuela más popular del imperio romano, pasó a permear la religión cristiana y resurgió hoy, siglos después de su nacimiento. Esto da fe de su increíble capacidad de adaptación, así como de su efectividad como estilo de vida.

Para tener una vida estoica es necesario establecer, antes que nada, dos habilidades: el control de nuestros miedos, nuestro cuerpo y nuestras emociones.

El control de nuestros miedos implica reconocer que temeos a cosas que no han sucedido, es decir, que no son reales y que, en la mayoría de los casos, el temor no se debe a la situación en concreto sino a nuestra percepción de ella. Por ello, es necesario aproximarnos a nuestros temores de manera racional.

Esto nos lleva a una serie de estrategias que permiten restarle el poder que tiene sobre nosotros: imaginar que nuestro miedo se hace realidad y determinar cómo podemos reaccionar ante esa circunstancia; identificar qué medidas puedo tomar para evitar que suceda; y reconocer que, en muchos casos, no es tan grave que sucedan.

Por su parte, el control de nuestro cuerpo implica reconocer qué aspectos se salen de nuestro control (como el latido de nuestro corazón o nuestra temperatura corporal), y qué aspectos no: nuestra respiración, nuestras acciones y la manera como nos tratamos. Si nos enfocamos en estas últimas tres cosas, si bien no llegamos a un control absoluto, si logramos tener cierto dominio sobre nuestro cuerpo y cierta prevención sobre lo negativo que puede ocurrirle.

Finalmente, el control de las emociones, que al igual que el del cuerpo, es incompleto. Las emociones son reacciones químicas y son hechos, no opiniones. Sin embargo, podemos, por un lado, hacer cosas como ejercicio y dormir bien que ayudan a regular esos químicos, y por otro, aprender a relacionarnos de manera distinta con ellas. Es decir, buscamos no actuar llevado por la pasión sino por la razón.

Una vez sentadas estas bases, podemos establecer nuestros pilares. Esto son las paredes de nuestra estructura que sostienen el estilo de vida que queremos construir. No hay un pilar más importante que otro, pues todos sostienen su parte; sin embargo, hay alguna que puedes considerar más valiosa en este momento de tu vida, según tus dificultades y tus circunstancias particulares.

El primer pilar busca que te enfoques en tu propio crecimiento y no te centres en lo externo. Esto no significa llevar una vida aislada de los demás, enfocado sólo en tus propias necesidades. Por el contrario, el estoico pone mucha importancia al hecho que el hombre es un ser social y una vida ética se pregunta siempre por la relación con el otro.

El enfoque en tu propio conocimiento busca que te dediques a ser la mejor persona que puedes ser en cada momento y con cada acción que hagas, en todos los planos de tu vida: lo personal, lo profesional, lo social…. Es una forma de aproximarte a tu vida que está marcada por la acción consiente y el estar dispuesto a un continuo aprendizaje que te lleve cada día un poco más lejos

El segundo pilar es quizá el más práctico. Se centra en cómo puedes establecer un sistema de prioridades y de acciones trascendentales. La primera mitad de este apartado explora como podemos diseñar un sistema de prioridades que sea lo suficientemente flexible para adaptarse a cualquier época, pero lo suficientemente firme para darnos unas pautas firmas. Para eso es importante diferenciar entre lo que es bueno, malo e indiferente y de-construir nuestras prioridades existentes para encontrar lo que es más provechoso para nosotros.

Esto nos permite establecer y delimitar nuestras prioridades incluso cuando vayan cambiando a medida que va cambiando nuestras vidas y nuestras circunstancias. Esto lleva a la segunda mitad del apartado: la acción trascendental. Esto no es, como puede parecer a primera vista, una conexión con lo divino o una experiencia mística. Se refiere más bien a que nuestras acciones tienen un radio de efecto mucho mayor al que imaginamos. Por esto, debemos siempre comprender que hacemos parte de una comunidad y de un planeta donde cada una de nuestras acciones importan y afecta a quienes nos rodean.

El tercer pilar tiene que ver con nuestras palabras, pensamientos y la manera como percibimos la realidad. Exploramos la influencia que tienen nuestras palabras sobre la manera como percibimos y comprendemos el mundo y, por ende, cómo podemos usarlas a nuestro favor. Este pasa también por dos momentos.

En primer lugar, buscamos hacer consientes nuestros pensamientos instintivos y buscamos de-construirnos. Esto permite reconocer que nuestras impresiones y reacciones frente a nosotros mismos y la manera como nos relacionamos con el mundo son, en su mayoría, irracionales. A partir este reconocimiento, podemos aproximarnos a estas ideas desde otro enfoque.

En segundo lugar, nuestras palabras y pensamientos nos permiten aumentar nuestras posibilidades de éxito al hacer un plan que desde el principio deje patente cómo podemos predisponernos desde antes de comenzar para lograr lo que nos proponemos. Es, por un lado, dejar planteada una ruta que nos puede guiar, y al tiempo prepararnos para enfrentar cualquier dificultad con la que nos tropecemos, todo basándonos en la idea que lo que decimos se vuelve, de cierto modo real.

El cuarto pilar es una de las bases fundamentales del pensamiento estoico: la diferencia entre lo que controlamos y lo que no. Aunque esta dicotomía, planteada por Epicteto resulta en principio demasiado categórica, si nos propone una base fundamental para guiarnos en un mundo caótico y sin sentido como el que habitamos.

Aunque hay cosas que están parcialmente en nuestro control, es necesario tratar de comprender dónde está el límite que divide lo que está bajo nuestra influencia directa y todo lo demás. Esto va a permitir dos cosas, en principio opuestas.

Por un lado, nos va a permitir desapegarnos de aquello que, pese a que no podemos hacer nada para evitarlo u ocasionarlo, nos afecta profundamente. Nos permite entender que, si no está dentro de nuestro poder directo, no debemos dedicarle energía o atención, pues no dependen de ti. Son externos y así deben mantenerse.

Al mismo tiempo, nos permite notar realmente cuál es el rango de nuestras posibilidades de acción. Si bien hay muchas cosas se salen de nuestro control, solemos menospreciar cuánto podemos hacer y preferimos tomar la vía facilista de culpar al otro. La dicotomía del control implica que, así como te distancias de lo que está fuera de tu control, debes apropiarte y responsabilizarte de lo que sí está en él.

Lejos de restar nuestra interacción y nuestras posibilidades de acción en mundo, este pilar nos acerca más a él y nos incita a ser ciudadanos activos.

Finalmente, tenemos el pilar que hace que todo el proceso sea sostenible: la reconciliación con el error. Es sumamente importante reconocer que en cualquier caso, el error es inevitable y no es homólogo al fracaso. Por el contrario, el error nutre, enseña y plantea posibilidades de crecimiento.

De esta manera, si bien el error es algo que, en principio, procuramos evitar, no es algo que debamos rechazar o lamentar cuando sucede. Más bien, lo ideal es reflexionar acerca del error, sus causas y sus consecuencias y usarlo como un eslabón, un ladrillo más en nuestro camino a ser cada vez mejores.

Como ves, hemos construido todo un sistema que te permitirá enfrentarte a todas las circunstancias, todas las épocas, toda situación a la que te puedes enfrentar. Ahora, te toca a ti. Te puedo dar algunas ideas, algunas estrategias, algunos ejercicios que inicia un camino, pero te toca a ti seguir rodando la pelota.

Todo lo que te hemos propuesto queda en tus manos para que te apropies de él, para que lo adaptes, lo transformes y lo utilices según tus necesidades y tu camino individual. Espero que puedas volver a él a retomar ideas, a refrescar conceptos, pero aspiro a que vayas más allá.

Ser un guerrero o una guerrera es eso: ser capaz de dar más, de buscar más de esforzarte más de lo que hace el promedio de las personas. Un guerrero no se queda sentado esperando que la vida le suceda; sale y lo toma por las riendas, la enfrenta a pesar de sus dudas y temores. Lo que te diferencia a ti de los demás es que tienes esa voluntad, y confío en que llegarás muy lejos.

Te hemos dado un punto de partida. Sé un guerrero estoico no como "debe" ser, sino como tú lo construyas.

CONCLUSIÓN

Hemos concluido nuestro viaje. Te felicito por llegar al final. Has hecho más que muchos, que desisten en la mitad de la lectura. Si llegaste hasta acá es porque eres perseverante y eso es una cualidad que te va a llevar muy lejos.

Espero que lo que hayas leído te haya servido, que los ejercicios sean beneficiosos y que puedas aplicar todo lo que hemos explorado en tu vida diaria. He procurado dar ejemplos generales y dar explicaciones que sean claras, pero también lo suficientemente flexibles para entender y ver su utilidad sin importar en qué te desempeñes, si eres estudiante, ingeniero, cocinero, ama de casa, etc.

Si has sentido curiosidad y quieres saber más sobre estoicismo, te animo a que busques información. No podemos decir todo lo que hay que decir sobre el estoicismo, aunque me gustaría. Como te pudiste dar cuenta, es una filosofía que se preocupa por responder a la verdad, a trabajar dentro de los límites que nos pone el mundo y la realidad y construir desde ahí.

Es quizá esto lo que lo diferencia de todas las demás propuestas que te puedes encontrar por ahí que suelen ofrecerte recetas y claves que prometen solucionar tu vida sin que muevas apenas un dedo. El estoico sabe que estos sistemas buscan agradar, decir lo que quieres escuchar, pero no son una solución real. ¿Por qué? Sencillamente porque no atajos cuando se trata de alcanzar tu máximo potencial, no hay soluciones cortas.

Esto no quiere decir que el camino sea tortuoso; simplemente que debes poner un poco de tu parte. Uno de los objetivos de este libro es darte todas las herramientas para que seguir este camino sea más fácil, darte todos los recursos que haces falta para que cuando te tropieces o no sepas si girar a la derecha o la izquierda, tengas las claves para saber cómo actuar.

Llegados a este punto, podemos extraer las principales lecciones que hemos recogido a lo largo de este camino.

En primer lugar, hemos visto que el estoicismo te propone un estilo de vida que no se limita a ninguna clase social, ninguna ocupación, ninguna edad, ninguna circunstancia. Se adapta a toda situación, no solo porque es un sistema flexible, sino porque tú puedes ajustarlo y modificarlo según tus necesidades.

Comprendimos un poco más como nuestro cuerpo, mente, emociones están parcialmente dentro de nuestro control. Si bien, nuestro cuerpo es un sistema que se compone de muchas partes, como una máquina de muchos engranajes. Claramente, no controlas todas las funciones necesarias de tu cuerpo.

Sin embargo, si es posible controlar algunos aspectos. Más allá de las estrategias que ya exploramos, lo que subyace de estos ejercicios es que somos seres que pueden actuar de manera conscientes y que podemos decidir cómo relacionarnos con las situaciones a la que nos enfrentamos. Nunca olvides que tú tienes las riendas de tu vida y debes controlarla. No dejes que lo externo decida el rumbo que tomes.

El primer pilar es uno de los que más contribuye al autoconocimiento. Con él, llegamos a conocer a qué le damos más importancia. No solo eso, también hemos de-construido estas prioridades y llegamos a entender por qué ocupan ese lugar. Eso nos permite entender que tiene más valor y si vale la pena tener enfocar nuestras energías a determinadas cosas o si es mejor cambiar nuestra búsqueda.

Desde esta perspectiva, el estoicismo nos invita a conocernos no para cambiarnos sino para poder redireccionarnos en un camino personal que responda a nuestros intereses y necesidades.

El segundo pilar nos enseña que enfocándonos en nosotros nos lleva a enfocarnos en lo esencial. Es un camino que nos lleva en dos direcciones: ir hacia adentro para afectar lo que hay a tu alrededor. No hay que desgastarse para lograr un impacto positivo en tu sociedad; simplemente hay que ser consciente que cada acción que hacemos va más allá que nosotros, y, por tanto, hay que buscar que cada acción sea la mejor que podemos hacer.

De esta manera, vamos a poder dejar de un lado todo lo que sea superficial, que no contribuya realmente a nuestros objetivos. No es complejo; es saber cómo mirar. Cuando te sientas abrumado, puedes volver a este punto y verás que te reencaminas con suma facilidad.

El tercer pilar es, quizá, uno de los más interesantes. Reconocer, como hemos visto, el nivel de impacto que tienen las palabras sobre nuestros sentimientos y la manera como nos relacionamos con él.

Cuando entendemos esto, un mundo de posibilidades se abre a nuestros pies. Nos empoderamos. Aprendemos que tenemos un control maravilloso sobre nuestra relación con el mundo, pues con el poder de las palabras podemos predisponernos a llegar donde queremos y podemos cambiar la manera como percibimos lo que nos sucede.

De esta manera, no se trata de tratar de calmarnos cuando nos angustiamos, sino que no nos angustiamos en primer lugar; no hay motivo para hacerlo en primer lugar.

El cuarto pilar es uno de los más importantes de toda la filosofía estoica. Como ya te dije, si solo puedes quedarte con una cosa de todo este libro, quédate con este. Cuando interiorizas la dicotomía del control, interiorizas un concepto que te evitará muchas angustias.

Fundamentalmente, lo que subyace a este capítulo es la idea que no debes preocuparte por aquellas cosas sobre las cuales no tienes ninguna influencia, ninguna capacidad de decisión. Esto parece muy lógico, pero es algo que olvidamos frecuentemente.

Finalmente, el quinto pilar nos enseña a aceptar y abrazar

aquello que siempre nos han dicho que es rechazable, que debemos evitar como si fuera la plaga. Esto se extiende mucho más allá de tu camino de crecimiento personal. En cualquier ámbito existe la posibilidad del error, y aprender a relacionarnos con él es lo más sano que podemos hacer.

La lección más importante es también la más obvia: el error no es lo negativo. Lo malo es pensar que equivocarnos equivale al fracaso.

Sin embargo, lo más importante, lo que quiero que se te quede, aunque decidas no seguir el camino estoico, es con la idea que, no importa cuántos artículos leas, cuántos videos leas, cuantas estrategias, al final eres tú quien decide como construyes tu vida.

Hay muchos que dicen que, si compras tal producto, asistes a ese curso, o participes de aquel retiro, tu vida se solucionará y dará un vuelco de 180 grados. Pero, incluso si haces todo esto, al final no estarás satisfecho, porque ninguna fuerza externa puede darte la vida que deseas.

Los estoicos entendieron esto desde el principio; por eso su enfoque siempre fue en sí mismos, en dedicar todas sus fuerzas a hacer lo mejor que podían dentro de los límites que les imponía su cuerpo, sus circunstancias y su contexto. Todo lo demás deja de importar porque no tiene sentido dedicarles atención.

De ahora en adelante eres un guerrero o una guerrera. Esto es una gran responsabilidad. El guerrero no busca excusas ni busca atajos, sino que enfrenta cara a cara sus problemas, sin temor. No culpa a los demás de sus errores ni sus dificultades y no deja que aquello sin importancia le afecte.

No vas a ser el guerrero perfecto, pero siempre que estés haciendo siempre un esfuerzo, estarás en buen camino, así que no desesperes.

¿¡QUIERES MÁS CONOCIMIENTO!?

¡Gracias por leer este libro!

Si te gustó este libro, entérate de todos los nuevos lanzamientos de Project Ashk'a en nuestro grupo y página de Facebook.

Además, si te unes ahora, te daremos gratis la guía "Los 6 pasos para alcanzar todo en la vida". ¡Aprende a tomar el control y únete a nuestra tribu!

Haz click aquí para unirte:
Project Ashk'a Free eBook (Facebook group)

Haz click aquí para unirte:
Project Ashk'a Free eBook (Facebook fanpage)

Printed by Libri Plureos GmbH in Hamburg, Germany